Susanne Geiger

Deutsch üben

Trainingsbuch zu Schritte plus neu B1

Hueber Verlag

Quellenverzeichnis:
Cover: © Bernhard Haselbeck, München
Zeichnungen: Irmtraud Guhe, München

3. 2. 1. | Die letzten Ziffern
2025 24 23 22 21 | bezeichnen Zahl und Jahr des Druckes.
Alle Drucke dieser Auflage können, da unverändert, nebeneinander benutzt werden.
1. Auflage

Umschlaggestaltung: Sieveking · Agentur für Kommunikation, München
Layout und Satz: Sieveking · Agentur für Kommunikation, München
Verlagsredaktion: Sonja Ott-Dörfer, Hueber Verlag, München
Druck und Bindung: Friedrich Pustet GmbH & Co. KG, Regensburg
Printed in Germany
ISBN 978–3–19–957493–4

Art. 530_26981_001_01

Inhalt

Vorwort

Liebe Deutschlernende,

mit dem Band *Deutsch üben* Trainingsbuch zu Schritte plus neu B1 können Sie alle relevanten grammatischen Strukturen und wichtigen Wörter auf der Niveaustufe B1 des *Gemeinsamen Europäischen Referenzrahmens* einüben und festigen. Die grammatische Progression sowie der thematisch orientierte Wortschatz richten sich nach den entsprechenden Bänden von *Schritte plus neu B1*.

Im Trainingsbuch zu Schritte plus neu B1 finden Sie

- viele abwechslungsreiche Übungen zu Grammatik GR und Wortschatz WS für mehr Sicherheit im täglichen Umgang mit der deutschen Sprache.
- 7 Kapitel zu jeweils 2 Themenbereichen aus dem Alltagsleben. Jedes Kapitel deckt chronologisch 2 Lektionen in *Schritte plus neu B1* ab. Kapitel A bezieht sich auf die Lektionen 1 und 2, Kapitel B auf die Lektionen 3 und 4 usw.
- nach jedem Kapitel eine Teste-dich-Doppelseite mit komplexeren Übungen zur Bewertung des persönlichen Lernerfolgs ☺ ○ 😐 ○ ☹ ○.
- hilfreiche Tipps und Erläuterungen zu grammatischen Strukturen in den „Aufgepasst"-Kästen, hervorgehoben durch 👁.
- wichtige Wörter und Wendungen in praktischen Wortschatz-Kästen, hervorgehoben durch 📖.
- auflockernde farbige Illustrationen und
- einen übersichtlichen Lösungsteil im Anhang.

Der vorliegende Band eignet sich

- zum Lernen, Wiederholen und Festigen von Grammatik und Wortschatz der Niveaustufe B1.
- zum zusätzlichen Üben der Inhalte von *Schritte plus neu B1*.
- zur Vorbereitung auf Prüfungen der Niveaustufe B1.
- zur Vorbereitung auf das Alltagsleben in deutschsprachigen Ländern.
- zur Selbstevaluation.

Viel Erfolg mit *Deutsch üben* Trainingsbuch zu Schritte plus neu B1!
Autorin und Verlag

Abkürzungen:

m	Maskulinum	*Nom.*	Nominativ
f	Femininum	*Akk.*	Akkusativ
n	Neutrum	*Dat.*	Dativ
Sg.	Singular	*Gen.*	Genitiv
Pl.	Plural	*usw.*	und so weiter

A Vergangenes und Medien

A1 Meldungen Präteritum der regelmäßigen Verben

GR Ergänzen Sie das passende Verb im Präteritum.

besuchten • endete • erreichte • informierten • rettete • setzte aus • ~~spielte~~ • stürzte ab

1. Fußball: Der FC Bayern *spielte* am Samstag gegen Werder Bremen.
2. Kultur: Viele junge Leute ________________ die Ausstellung in der Kunsthalle München.
3. Alkoholexzess: Für zwei Jugendliche in Köln ___________ eine Party im Krankenhaus.
4. Banküberfall: Passanten ____________________ die Polizei.
5. Unwetter: Der Sturm _______________ am Wochenende den Westen Deutschlands.
6. Ausland: In Kalifornien ____________ ein Hund einem Baby das Leben.
7. Flugzeugunglück: Der Motor __________ plötzlich _____ und das Flugzeug ________________.

Ergänzen Sie die Präteritumformen von oben.

1. spielen	er/sie/es *spielte*		5. **be**suchen	sie/Sie ____________	
2. informieren	sie/Sie ____________		6. **er**reichen	er/sie/es ____________	
3. retten	er/sie/es ____________		7. **aus**setzen	er/sie/es ____________	
4. enden	er/sie/es ____________		8. **ab**stürzen	er/sie/es ____________	

Ergänzen Sie die Endungen des Präteritums.

1. ich spiel*te* 2. du spiel____ 3. er/sie/es spiel____
4. wir spiel____ 5. ihr spiel____ 6. sie/Sie spiel____

Aufgepasst!
Das Präteritum verwendet man mehr in der Schrift- und Nachrichtensprache, das Perfekt mehr in der gesprochenen Sprache:
*Auf vielen Autobahnen **meldete** die Polizei Staus und Unfälle.*
*Am Samstag **haben** wir zusammen **gekocht**.*

A2 War früher alles besser? Präteritum der unregelmäßigen Verben

GR Unterstreichen Sie die Verben im Präteritum und ergänzen Sie die Infinitive.

1. Früher *gab* es noch keine Laptops und Smartphones. → *geben*
2. Früher lasen die Leute mehr Zeitung und sahen öfter fern. → ______________,
   ____
3. Früher schrieb man Briefe und vieles andere noch mit der Hand. → ______________
4. Früher traf man sich regelmäßig mit Freunden und unterhielt sich.
   → ______________, ______________
5. Früher flog man nicht so oft mit dem Flugzeug in den Urlaub. → ______________
6. Früher fuhren weniger Autos auf den Straßen. → ______________
7. Früher ging alles etwas langsamer und ruhiger. → ______________
8. Früher ließ man sich mit allem mehr Zeit. → ______________
9. Viele Leute fanden das Leben früher einfacher. → ______________
10. Aber nicht allen Leuten gefiel das Leben früher besser. → ______________

Ergänzen Sie die Präteritumendungen der starken Verben am Beispiel von *geben*.

1. ich gab 2. du gab____ 3. er/sie/es gab
4. wir gab____ 5. ihr gab____ 6. sie/Sie gab____

Aufgepasst!
Lernen Sie die Formen der unregelmäßigen Verben in der 3. Person Singular Präsens und immer mit Präteritum und Perfekt:
***geben** – gibt – **gab** – hat gegeben*
***gehen** – geht – **ging** – ist gegangen*

fahren-fährt-fuhr-ist gefahren, fernsehen-sieht fern-sah fern-hat ferngesehen,
finden-findet-fand-hat gefunden, fliegen-fliegt-flog-ist geflogen,
geben-gibt-gab-hat gegeben, gefallen-gefällt-gefiel-hat gefallen,
gehen-geht-ging-ist gegangen, lassen-lässt-ließ-hat gelassen,
lesen-liest-las-hat gelesen, schreiben-schreibt-schrieb-hat geschrieben,
treffen-trifft-traf-hat getroffen, (sich) unterhalten-unterhält-unterhielt-hat unterhalten

A3 Als er klein war, ... Temporale Konjunktion *als*

GR Was gehört zusammen? Verbinden Sie die Sätze.

1. Als er klein war,
2. Er kam gerade in die Schule,
3. Als er sieben war,
4. Als er volljährig wurde,
5. Er feierte ein großes Fest,
6. Als er sich um eine Stelle bewarb,

a) wollte er unbedingt Klavier lernen.
b) weinte er viel.
c) als er das Abitur bestand.
d) als sein Opa starb.
e) nahm man ihn sofort.
f) zog er von zu Hause aus.

1	2	3	4	5	6
b					

Aufgepasst!
Mit der temporalen Konjunktion *als* bezieht man sich auf eine Zeit in der Vergangenheit. In *als*-Sätzen steht das Verb am Ende. Davor oder danach steht ein Komma.
***Als** er nach München **kam,** kannte er dort niemanden.*
*Wir waren nicht zu Hause**, als** das Unglück **passierte**.*

ausziehen-zieht aus-zog aus-hat/ist ausgezogen, bestehen-besteht-bestand-hat bestanden, (sich) bewerben-bewirbt-bewarb-hat beworben, kommen-kommt-kam-ist gekommen, nehmen-nimmt-nahm-hat genommen, sterben-stirbt-starb-ist gestorben

A4 Schulzeit Präteritum der gemischten Verben

GR Schreiben Sie die Präteritumformen der Verben richtig und ergänzen Sie den Infinitiv aus dem Kasten.

denken • kennen • ~~mitbringen~~ • nennen

1. Ida (etbrach) *brachte* jeden Tag Schokolade (tim) *mit*. → *mitbringen*
2. Ich (techda) ___________ immer, dass ich das Abitur nicht schaffe. → ___________
3. Er hieß Alexander, aber alle (nnnate) ___________ ihn nur Alex. → ___________
4. Jannis liebte Autos und (anntek) ___________ alle Automarken. → ___________

Ergänzen Sie die Präteritumendungen der gemischten Verben am Beispiel von *bringen*.

1. ich brach____ 2. du brach____ 3. er/sie/es brach*te*
4. wir brach____ 5. ihr brach____ 6. sie/Sie brach____

Aufgepasst!
Die gemischten Verben oder Mischverben haben im Präteritum einen unregelmäßigen Stamm, aber die Endungen der regelmäßigen Verben:
***bringen** – bringt – **brachte** – hat gebracht*
Dasselbe gilt für das Partizip. Es hat einen unregelmäßigen Stamm, aber die Endung *-t* der regelmäßigen Verben: ***bringen** → **gebracht***

denken-denkt-dachte-hat gedacht, heißen-heißt-hieß-hat geheißen, kennen-kennt-kannte-hat gekannt, mitbringen-bringt mit-brachte mit-hat mitgebracht, nennen-nennt-nannte-hat genannt

A5 Zeitungsbericht

WS Welche Nomen gibt es nicht? Streichen Sie.

1. die Meldung: Anmeldung – Krankmeldung – ~~Schulmeldung~~ – Zeitungsmeldung
2. der Bericht: Reisebericht – Krankbericht – Wetterbericht – Zeitungsbericht
3. die Anzeige: Kleinanzeige – Stellenanzeige – Wohnungsanzeige – Rückanzeige
4. das Interview: Hausinterview – Fernsehinterview – Radiointerview – Zeitungsinterview

A6 Immer wenn das passiert, ... Konjunktionen *(immer) wenn* und *obwohl*

GR Formulieren Sie Sätze mit *immer wenn* und *obwohl* im Präsens. Achten Sie auf die Verneinung nach dem *obwohl*-Satz.

1. an der Tür klingeln – Hund bellen: *Immer wenn es an der Tür klingelt, bellt der Hund.*
   Obwohl es an der Tür klingelt, bellt der Hund nicht.
2. regnen – Tennisunterricht ausfallen: ______
   ______
3. blitzen und donnern – Kinder Angst bekommen: ______
   ______
4. schneien – auf den Straßen Staus geben: ______
   ______
5. Band Z spielen – Konzert ausverkauft sein: ______
   ______
6. Mannschaft verlieren – Fans enttäuscht sein: ______
   ______

Aufgepasst!

Mit der Konjunktion *wenn* in der Bedeutung *immer wenn* bezieht man sich auf einen sich wiederholenden Vorgang in der Gegenwart oder Vergangenheit:

***Immer wenn** ich in München **bin,** gehe ich ins Deutsche Museum.*

*Ich bin immer ins Deutsche Museum gegangen, **wenn** ich in München **war**.*

Mit der Konjunktion *obwohl* drückt man aus, dass etwas gegen die Erwartung geschieht:

***Obwohl** es **regnet,** findet das Konzert wie geplant statt.*

*Das Konzert fand wie geplant statt, **obwohl** es **regnete**.*

In *wenn- und obwohl*-Sätzen steht das Verb am Ende. Davor oder danach steht ein Komma.

die Band (-s) ■ ausfallen-fällt aus-fiel aus-ist ausgefallen, bekommen-bekommt-bekam-hat bekommen, verlieren-verliert-verlor-hat verloren

A7 Was ich neulich geträumt habe

WS Schreiben Sie die Sätze richtig. Achten Sie auf die Satzzeichen.

Maja: IchträumtedassicheinPopstarwarIchtrataufderBühneaufundsangDanachwollten dieFansSelfiesmitmirmachenDerTraumwartotalverrückt *Ich träumte, dass ich ein Popstar war.*

____

Ivan: InmeinemTraumhabeichimTatortmitgespieltDasistmeinLieblingskrimiimFernsehen weilesdanurwenigBlutundGewaltgibtEswarunglaublichspannend _______________

____

____

Elvis: IchhabevoneinemUnfallgeträumtIchwarumMitternachtmitdemMotorrollerunterwegs alsplötzlichzweibetrunkeneMänneraufdieStraßeliefenIchkonntenichtmehrbremsenEs warwirklichschlimm _______________

____

____

A8 Das wusste ich nicht. Verb *wissen*

GR Ergänzen Sie *wissen* in der richtigen Form.

1. Das *wusste* ich nicht. (*Präteritum*)
2. Ich _________ nicht, was ich tun soll. (*Präsens*)
3. _________ du _____________, dass er sich den Arm gebrochen hat? (*Perfekt*)
4. Wir _________ leider nicht Bescheid. (*Präteritum*)
5. Er _________ genau, warum es Ärger gab. (*Präsens*)
6. Ich _________ den Weg nicht. (*Präteritum*)

der Ärger, das Blut, die Gewalt, die Mitternacht, der Motorroller (-), der Star (-s)
auftreten-tritt auf-trat auf-ist aufgetreten, brechen-bricht-brach-hat gebrochen, laufen-läuft-lief-ist gelaufen, singen-singt-sang-hat gesungen, wissen-weiß-wusste-hat gewusst
betrunken, unglaublich, verrückt ■ Bescheid geben/sagen/wissen

A9 Er schlief tief und fest. Unregelmäßige Präteritumformen

GR Ergänzen Sie die richtige Präteritumform.

aß • ~~fing an~~ • trank • blieb • rief • floh • verschwand • verbot • stieg • biss • warf • gelang • vergaß • lag • schlug vor • schlief • saß • tat weh

1. anfangen *fing an*
2. beißen ______
3. bleiben ______
4. essen ______
5. fliehen ______
6. gelingen ______
7. liegen ______
8. rufen ______
9. schlafen ______
10. sitzen ______
11. steigen ______
12. trinken ______
13. wehtun ______
14. verbieten ______
15. vergessen ______
16. verschwinden ______
17. vorschlagen ______
18. werfen ______

A10 Rundfunk, Fernsehen und mehr

WS Was ist gemeint? Ergänzen Sie das passende Wort in der richtigen Form.

Fernsehen • Folge • Kriminalserie • Medien • Radio • ~~Rundfunk~~ • Serie

1. Mit *Rundfunk* meint man in der Regel öffentliche Radiosender und Radioprogramme, aber auch das ______.
2. ______, Fernsehen, Zeitungen usw., aber auch Internet sind ______.
3. Im Fernsehen spricht man von einer ______, wenn eine Sendung mehrere Teile oder ______ hat.
4. In Deutschland sieht man gern ______ wie den Tatort.

A11 Meinungen und Vorschläge

WS Wie heißen die Wörter? Ergänzen Sie die fehlenden Vokale.

1. L*i*_*e*b*e*sf*i*lm*e* finde ich *e*_*i*nf*a*ch n*u*r f*u*rchtb*a*r. – D__ hast du v__ll__g r__cht.
2. L__ss __ns d__ch einen DVD-__b__nd machen. – D__s h__rt s__ch g__t __n.
3. Rap ist nicht m__ __n M__s__kg__schm__ck. – M__ __n__r __ __ch n__cht.
4. W__ll__n wir m__l w__ __d__r ins K__nz__rt gehen? – __ __f j__d__n F__ll!

A12 Rundfunkgebühren

WS Was passt zusammen? Bilden Sie Komposita und ergänzen Sie den Artikel.

-bad • -fall • ~~-gebühren (*Pl.*)~~ • -programm
Abenteuer- • Großstadt- • Massen- • Radio-

1. *die* Rundfunk*gebühren*
2. ______ __________sender
3. ______ Fernseh__________
4. ______ __________film
5. ______ Kriminal__________
6. ______ __________verkehr
7. ______ Erlebnis__________
8. ______ __________medien

das Abenteuer (-), das Erlebnis (-se), der Fall (¨-e), die Folge (-n), die Großstadt (¨-e), die Medien (*Pl.*), der Rundfunk, die Serie (-n) ■ mehrere, völlig

A13 Was ich fragen wollte Relativpronomen im Nominativ und Akkusativ

GR Kreuzen Sie das richtige Relativpronomen an und unterstreichen Sie das Bezugswort.

1. Wer ist denn der Mann, ⊗ der ○ den dort steht und wartet?
2. Wer ist denn das Kind, ○ der ○ das da steht und weint?
3. Kennst du eigentlich die Frau, ○ der ○ die uns so nett geholfen hat?
4. Sind das eigentlich die Leute, ○ die ○ den das Haus neben uns gekauft haben?
5. Wann kommen endlich die Möbel, ○ den ○ die wir bestellt haben?
6. Was ist eigentlich mit deiner Bewerbung, ○ die ○ das du geschrieben hast?
7. Ist das das Auto, ○ den ○ das deine Eltern verkaufen möchten?
8. Wo ist denn der Schlüssel, ○ das ○ den ich dir gestern gegeben habe?

Ergänzen Sie die Relativpronomen im Nominativ und Akkusativ.

	Maskulinum Sg.	Femininum Sg.	Neutrum Sg.	Plural
Nominativ	der Mann, *der*	die Frau, ____	das Kind, ____	die Leute, ____
Akkusativ	der Mann, ____	die Frau, ____	das Kind, ____	die Leute, ____

Aufgepasst!
Mit einem Relativpronomen leitet man Relativsätze ein.
Das Relativpronomen *der/die/das* bezieht sich auf ein Nomen und steht wie dieses Nomen im Maskulinum, Femininum, Neutrum oder Plural. Das Verb im Relativsatz bestimmt, ob das Relativpronomen im Nominativ, Akkusativ (oder Dativ usw.) steht.
Die Relativpronomen haben im Nominativ und Akkusativ dieselben Formen wie der bestimmte Artikel.
Das ist der Mann (m Sg.)*, **der** (Nominativ) dich sucht.*
Das ist der Mann (m Sg.)*, **den** (Akkusativ) ich suche.*
Das sind die Bücher (Pl.)*, **die** (Nominativ) verschenkt werden.*
Das sind die Bücher (Pl.)*, **die** (Akkusativ) wir verschenken.*
In Relativsätzen steht das Verb am Ende. Vor (und nach) einem Relativsatz steht ein Komma: *Der Mann, **der** dich **sucht**, steht da vorn.*

A14 Wünsche Relativpronomen im Dativ oder mit Präposition

GR Was gehört zusammen? Verbinden Sie die Sätze und unterstreichen Sie das Relativpronomen und die Präposition.

1. Sie wünscht sich einen Hund,
2. Er hätte gern ein Auto,
3. Wir wünschen dir, dass du eine Wohnung findest,
4. Ich wünsche mir Kinder,
5. Ich wünsche ihm eine Freundin,
6. Hoffentlich finden wir eine Lösung,

a) auf die er sich verlassen kann.
b) in der du dich wohlfühlst.
c) denen alles schmeckt, was ich koche.
d) mit der alle zufrieden sind.
e) mit dem sie spielen kann.
f) in dem man auch übernachten kann.

1	2	3	4	5	6
e					

Ergänzen Sie die Relativpronomen im Dativ.

	Maskulinum Sg.	Femininum Sg.	Neutrum Sg.	Plural
Dativ	der Mann, *dem*	die Frau, ____	das Kind, ____	die Leute, ______

Aufgepasst!
Das Relativpronomen hat im Dativ Singular dieselben Formen wie der bestimmte Artikel, im Dativ Plural aber die Form *denen*.
Das ist der Mann (m Sg.), ***dem** die Firma gehört.*
Es gibt viele Menschen (Pl.), ***denen** wir danken möchten.*
Vor einem Relativpronomen kann eine Präposition stehen, die den Kasus des Relativpronomens bestimmt:
Das ist die Frau (f Sg.), ***bei der*** *(bei* + Dat.) *ich wohne.*
Das ist der Mann (m Sg.), ***für den*** (*für* + Akk.) *ich die Einkäufe erledige.*
Wer waren die Leute (Pl.), ***mit denen*** (*mit* + Dat.) *du gerade gesprochen hast?*

A15 Verliebt Relativpronomen

GR Ergänzen Sie das richtige Relativpronomen.

dem • den (2x) • ~~der~~ • der • die

1. Er ist ein sympathischer Typ, *der* gern lacht und _____ jeder mag.
2. Das Mädchen, von _____ er dauernd spricht, ist seit gestern seine Freundin.
3. Der Junge, in _____ sie verliebt ist, ist drei Jahre älter als sie.
4. Sie hat lange blonde Haare, _____ sie immer offen trägt.
5. Die beiden planen schon ihre Hochzeit, zu _____ sie alle Freunde einladen wollen.

einladen-lädt ein-lud ein-hat eingeladen, sprechen-spricht-sprach-hat gesprochen, tragen-trägt-trug-hat getragen, verliebt sein in (*Akk.*) ■ dauernd

Teste dich!

T1 Fangt an!

Ergänzen Sie die fehlenden Verbformen.

1. anfangen – f*ängt* an – *fin*g an – hat *an*ge*fangen*
2. ____rufen – _______ an – r_____ an – hat ________rufen
3. ______________ – erkennt – er___________ – hat ___kannt
4. er__________ – ___fährt – er_______ – _____ erfahren
5. f________ – fällt – f_____ – _____ ge________
6. s________ – _____ht – _____ – _____ gesehen
7. sp_________ – __________t – sprang – _____ ___sprungen
8. stehen – st_____ – st_____ – hat __________en
9. ver_____________ – ______________t – versprach – hat ______________
10. w________ – _____ß – _______te – _____ gewusst

☺ ○ 😐 ○ ☹ ○

T2 (Kein) Glück gehabt

Ergänzen Sie die passende Konjunktion *wenn, als, obwohl, dass* oder *weil*.

Samuel: Immer (1) *wenn* wir draußen spielten, gab es Ärger mit den Nachbarn, (2) ________ wir zu laut waren oder aus einem anderen Grund. (3) ________ wir einmal Fußball spielten, passierte es, (4) ________ der Ball in Richtung Nachbarfenster flog. In dem Moment lief Herr Maier vorbei. (5) ________ ihm der Ball fast ins Gesicht sprang, konnte er ihn noch halten. Glück gehabt! (6) ________ wir seitdem Herrn Maier trafen, grüßten wir ihn besonders freundlich.

Laura: (7) ________ ich eigentlich gut organisiert bin, lief einmal alles anders als geplant. (8) ________ ich letzte Woche in Frankfurt war, wollte ich mich mit meiner Schulfreundin treffen. Das machen wir jedes Mal, (9) ________ ich beruflich dorthin muss. Aber (10) ________ ich am Treffpunkt war, war niemand da. Ich konnte nicht anrufen, (11) ________ ich mein Handy im Hotelzimmer vergessen hatte. Im Hotel habe ich gesehen, (12) ________ meine Freundin abgesagt hatte …

☺ ○ 😐 ○ ☹ ○

T3 Lieblingsbeschäftigungen

Verbinden Sie die Sätze mit einem Relativsatz. Achten Sie auf das richtige Relativpronomen und die Verbstellung.

1. Ich sehe gern Reportagen im Fernsehen, *bei denen es um fremde Länder und andere Kulturen geht.*
   (Bei den Reportagen geht es um fremde Länder und andere Kulturen.)
2. Meine Oma schaut am liebsten Spielfilme, ______________________________ ______________________________ (Die Spielfilme handeln von Liebe und Glück.)
3. Moritz liebt sein Motorrad, ______________________________ ______________________________ (Seine Großeltern haben ihm das Motorrad zum 20. Geburtstag gekauft.)
4. Clara hat eine Lieblingspuppe, ______________________________ ______________________________ (Sie zieht die Puppe an und aus und sie kämmt ihr die Haare.)
5. Arthur kennt nur sein Smartphone, ______________________________ ______________________________ (Er beschäftigt sich ständig mit seinem Smartphone.)
6. Fernanda hat einen Reiseblog, ____________________ und ____________________ ____________________ (Sie hat den Reiseblog neu erstellt. Der Reiseblog ist sehr beliebt.)

☺ ○ 😐 ○ ☹ ○

T4 Kindheitserinnerung

Ergänzen Sie das passende Wort in der richtigen Form.

erinnern • früher • Geschenk • Halskette • immer • Kindheit • ~~mitbringen~~ • Schmuck • später • tragen

Unser Vater (1) *brachte* uns (2) __________ immer etwas von seinen Geschäftsreisen *mit*. Es waren kleine (3) ______________ wie ein Spielzeug, eine Süßigkeit oder (4) __________, als wir größer waren, (5) __________. Aus dieser Zeit habe ich noch eine (6) ______________, die ich (7) __________ noch gern (8) __________. Sie (9) ____________ mich an unsere glückliche (10) ____________.

☺ ○ 😐 ○ ☹ ○

B Gesundheit und Sprachen

B1 Der Rat des Arztes Genitiv

GR Was gehört zusammen? Verbinden Sie die Sätze und unterstreichen Sie das Genitivattribut.

1. Folgen Sie dem
2. Es geht immer um das
3. Wir warten auf die
4. Die Nebenwirkungen des Medikaments
5. Die Ursache der Beschwerden
6. Wichtig ist die positive
7. Ziel der Behandlung ist ein

a) Ergebnisse der Untersuchung.
b) ist unklar.
c) Leben ohne Schmerzen.
d) Rat des Arztes.
e) Einstellung des Patienten.
f) Wohl der Patienten.
g) sind gering.

1	2	3	4	5	6	7
d						

Ergänzen Sie den bestimmten Artikel im Genitiv und unterstreichen Sie die Genitivendungen der Nomen (Maskulinum und Neutrum).

Maskulinum Sg.	Femininum Sg.	Neutrum Sg.	Plural
der Rat des Arztes, die Einstellung ____ Patienten	die Ergebnisse ____ Untersuchung, Ziel ____ Behandlung	die Nebenwirkungen ____ Medikaments	das Wohl ____ Patienten, die Ursache ____ Beschwerden

Aufgepasst!
Im Genitiv erhalten Nomen im Maskulinum oder Neutrum die Endung *-s*, einsilbige Nomen aus phonetischen Gründen oft *-es*:
der Termin → des Termins, das Geld → des Geldes
Ausnahme sind die Nomen der n-Deklination (D9): *der Patient → des Patienten*
Wenn der Genitiv zu einem Nomen gehört und dieses genauer bestimmt, spricht man von einem Genitivattribut:
das Ziel → das Ziel der Behandlung, das Ziel des Trainings

B2 Das Haus meiner Eltern Genitiv

GR Ergänzen Sie die Genitivendungen *-es* oder *-er* beim unbestimmten Artikel oder Possessivartikel und die Endungen *-(e)s* (einmal *-n*) beim Nomen.

1. Das ist das Haus mein*er* Eltern.
2. Sie leiht sich das Auto ihr___ Bruder___.
3. Ich brauche den Rat ein____ Freundin.
4. Er kümmert sich um den Hund sein___ Nachbarin.
5. Glückwunsch zur Geburt eur_____ Sohn____!
6. Zeigen Sie mir das Heft Ihr___ Kind____.
7. Die Hälfte unser____ Lehrer sind Frauen.
8. Das ist die Frau ein____ Kollege___.
9. Wir sind Teil ein____ Team___.
10. Ist das der Ring dein____ Oma?
11. Sie ist die Liebe mein____ Leben___.

Ergänzen Sie die Endungen des unbestimmten Artikels und des Possessivartikels im Genitiv.

Maskulinum Sg.	Femininum Sg.	Neutrum Sg.	Plural
ein__ Kollegen	ein__ Freundin	ein__ Teams	–
ihr__ Bruders	dein__ Mutter	mein__ Lebens	mein*er* Eltern
eur__ Sohn(e)s	sein__ Nachbarin	Ihr__ Kindes	unser__ Lehrer

Aufgepasst!
Den unbestimmten Artikel gibt es nur im Singular. Den Genitiv Plural ersetzt man durch *von* + Dativ:
ein Freund → *der Rat ein**es** Freund**es***
Freunde (Pl.) → *der Rat **von** Freunde**n***

das Ergebnis (-se), die Hälfte (-n), der Rat, der Ring (-e), die Wirkung (-en), das Wohl
folgen, leihen-leiht-lieh-hat geliehen ■ gering

B3 Wegen meines Knies Kausale Präposition *wegen*

GR Ergänzen Sie nach *wegen* den passenden Ausdruck.

~~meines Knies~~ • Magenschmerzen • ihrer Migräne • Schlafmangel •
Ihrer Schulterprobleme • seines Übergewichts • eines Unfalls • der Vitamine

1. Wegen *meines Knies* kann ich nicht mehr so viel Sport treiben.
2. Er sollte wegen ______________________ auf die Ernährung achten.
3. Wegen ______________________ muss sie regelmäßig Schmerzmittel nehmen.
4. Wegen ______________________ sollten Sie sich mal untersuchen lassen.
5. Er musste wegen ______________________ in Frührente gehen.
6. Obst und Gemüse sind wegen ______________________ sehr gesund.
7. Unser Kind ist wegen ______________________ früher aus der Schule gekommen.
8. Die Schüler können sich wegen ______________________ nicht richtig konzentrieren.

Aufgepasst!
Mit der kausalen Präposition *wegen* gibt man einen Grund an. Man kann damit auf die Frage *warum?* antworten. Nach *wegen* steht der Genitiv, in der gesprochenen Sprache ist auch der Dativ möglich.
Warum *machst du keinen Sport? –* ***Wegen*** *mein**es** Knie**s**./* ***Wegen*** *mein**em** Knie.*
Nach *wegen* kann auch ein einfaches Nomen ohne Artikel und Endung stehen.
Einfache Nomen im Plural stehen immer im Dativ.
wegen *Krankheit geschlossen,* ***wegen*** *Problem**en** in der Schule*

das Gewicht, der Magen (¨), der Mangel (¨), der Schlaf, die Schulter (-n), das Vitamin (-e)
achten auf (*Akk.*), (Sport) treiben-treibt-trieb-hat getrieben, untersuchen

B4 Krankheitsursache

WS Was passt zusammen? Bilden Sie aus jedem Wortteil zwei Komposita und ergänzen Sie die Artikel.

-faktor • -mangel • -meldung • -spritze • ~~-ursache~~
Impf- • ~~Kassen-~~ • Labor- • Schmerz- • Tabletten-

1. *die* Krankheits-/Todes*ursache*
2. *die* *Kassen*leistung/ *das* -rezept
3. ____ Stress-/Risiko________
4. ____ ________stoff/____ -schutz
5. ____ Krank-/Unfall__________
6. ____ __________mittel/____ -tablette
7. ____ Beruhigungs-/Insulin________
8. ____ __________einnahme/____ -sucht
9. ____ Bewegungs-/Vitamin________
10. ____ ________analyse/____ -ergebnis

B5 Was tust du für deine Gesundheit?

WS Schreiben Sie die Sätze richtig. Achten Sie auf die Satzzeichen.

Estelle: IchmachetäglichMorgengymnastikalsoverschiedeneFitnessübungenfürdie BeweglichkeitManchmalgeheichauchzumKrafttraininginsFitnessstudiooderjogge

Ich mache täglich Morgengymnastik, ______________________________

____

____

Samuel: MeinArbeitsalltagistsehrstressigundichbinofterschöpftDeswegenmacheich immerwiederEntspannungsübungen ______________________________

____

____

Maja: LeidernehmeichschnellzuundbewegemichnichtgenugIchachtezwaraufgesunde ErnährungaberaufSüßigkeitenkannichnurschwerverzichten ______________________________

____

____

die Einnahme (-n), der Faktor (-en), die Kraft (¨-e), das Labor (-s/-e), die Leistung (-en), die Meldung (-en), das Mittel (-), die Spritze (-n)
abnehmen ↔ zunehmen, impfen, verzichten auf (*Akk.*) ■ erschöpft, stressig

B

B6 Arzt und Apotheke

WS Was gehört zusammen? Verbinden Sie.

1. Der Arzt hat sie zwei Wochen krankgeschrieben.
2. Kannst du mir einen guten Augenarzt empfehlen?
3. Er sollte unbedingt seine Ernährungsgewohnheiten ändern.
4. Was kann man gegen Rückenschmerzen tun?
5. Bei kleinen Problemen können Sie sich in der Apotheke beraten lassen.

a) Dort erhalten Sie auch Medikamente ohne Rezept.
b) Diäten reichen nicht aus, wenn man abnehmen möchte.
c) Man sollte zuerst beim Arzt abklären, woher sie kommen.
d) Sie soll unbedingt zu Hause bleiben und sich ausruhen.
e) Leider nein. Aber du könntest deinen Hausarzt fragen.

1	2	3	4	5
d				

B7 Statistik im Unterricht

WS Wie heißen die Wörter? Ergänzen Sie die fehlenden Vokale.

1. Fast alle im Kurs sprechen zwei Sprachen.
2. D___ m___st__n haben __ngl__sch g__l__rnt.
3. Dr___ V___rt__l v__n __ns stammen aus __st___r__p___sch__n L__nd__rn.
4. ___n Dr__tt__l d__r Kl__ss__ ist jünger als dr___ß__g J__hr__.
5. Kn__pp d___ H__lft__ sind M__nn__r.
6. M__hr __ls ___n V___rt__l d__r T___ln__hm__r wohnt __ll___n.
7. N___m__nd hat einen d___tsch__n P__ss.

das Drittel (-), das Rezept (-e), das Viertel (-) ■ ausreichen, beraten-berät-beriet-hat beraten, empfehlen-empfiehlt-empfahl-hat empfohlen, erhalten-erhält-erhielt-hat erhalten, helfen-hilft-half-hat geholfen, krankschreiben, stammen, tun-tut-tat-hat getan

B8 Weshalb?

WS Welches Wort ist kein Synonym? Streichen Sie.

1. deswegen – deshalb – darum – ~~trotzdem~~ – daher
2. wie – warum – weshalb – weswegen – aus welchem Grund
3. allmählich – allgemein – nach und nach – langsam – mit der Zeit
4. seltsam – komisch – merkwürdig – ungewöhnlich – deutlich
5. allerdings – jedoch – wahrscheinlich – aber
6. empfehlen – raten – vorschlagen – vereinbaren
7. glauben – wählen – meinen – vermuten

B9 Fremdsprache Deutsch

WS Kreuzen Sie das passende Wort an.

1. Unsere Deutschlehrerin hat eine klare und ⊗ deutliche ○ undeutliche Aussprache.
2. ○ Aber ○ Allmählich kann ich mich im Alltag verständlich machen und die wichtigsten Dinge auf Deutsch sagen.
3. Meine Freundin spricht schon ○ falsch ○ fließend Deutsch.
4. Manche Wörter klingen in unseren Ohren sehr ○ langsam ○ merkwürdig.
5. Er möchte in Deutschland arbeiten. ○ Darum ○ Damals macht er einen Deutschkurs.
6. Sie weiß nicht, ○ weshalb ○ deshalb sie Deutsch lernen soll.
7. ○ Irgendwann ○ Spätestens sprechen Sie Deutsch so gut wie Ihre Muttersprache!

die Aussprache, die Muttersprache (-n) ■ vereinbaren, vermuten, wählen ■ allmählich, deutlich, fließend, merkwürdig ■ allerdings, daher, darum, deshalb/weshalb, deswegen/weswegen, irgendwann, spätestens

B10 Vom Sprachenlernen Infinitiv Passiv nach Modalverben

GR Ergänzen Sie das Verb im Infinitiv Passiv. Achten Sie auf die richtige Partizipform. Unterstreichen Sie das Modalverb.

1. Die neuen Wörter müssen *gelernt werden*. (lernen)
2. Die Grammatik muss richtig ______________________. (erklären)
3. Die Aussprache sollte immer wieder ______________________. (verbessern)
4. Schwierige Ausdrücke sollen ______________________. (übersetzen)
5. Die Hausaufgaben dürfen nicht ______________________. (vergessen)
6. Die Lösungen müssen ______________________. (vergleichen)
7. Wörterbücher können ______________________. (benutzen)
8. Es dürfen immer Fragen ______________________. (stellen)

Aufgepasst!
Nach Modalverben steht oft ein Infinitiv. Der Infinitiv kann ein Infinitiv (Präsens) Aktiv, aber auch ein Infinitiv (Präsens) Passiv sein.
*Man **muss** viele Wörter **lernen.** / Viele Wörter **müssen gelernt werden**.*
Ist im Hauptsatz die Position 1 nicht besetzt oder will man etwas betonen, steht auf Position 1 ein unpersönliches *es*. Gibt es ein anderes Subjekt, steht das Modalverb wie dieses im Singular oder Plural.
***Es darf** gelacht werden.*
*Fragen dürfen gestellt werden. → **Es dürfen** Fragen gestellt werden.*

B11 In der Prüfung Infinitiv Passiv nach Modalverben

GR Schreiben Sie die Anweisungen anders. Verwenden Sie *muss* oder *darf (nicht)* und den Infinitiv Passiv. Denken Sie an den Satzbeginn mit unpersönlichem *es*.

1. Bitte auf jedes Blatt den Namen schreiben! *Auf jedes Blatt muss der Name geschrieben werden. / Es muss auf jedes Blatt der Name geschrieben werden.*
2. Bitte nicht sprechen! *Es darf nicht gesprochen werden.*
3. Bitte nicht rauchen! ______________________
4. Bitte mit Bleistift schreiben! ______________________

5. Bitte in der Prüfung nicht essen! ______________________

____

6. Trinken ist erlaubt. ______________________
7. Bitte die Smartphones abgeben! ______________________
8. Bitte den Raum nicht verlassen! ______________________
9. Bitte auf die Zeit achten! ______________________
10. Bitte stören Sie niemanden! ______________________

B12 Darf ich kurz nachfragen?

WS Wie kann man noch sagen? Ordnen Sie zu.

1. Darf ich kurz nachfragen? Was bedeutet eigentlich „schimpfen"?
2. Tut mir leid, aber ich habe die Aufgabe nicht richtig verstanden.
3. Könnten Sie den Genitiv bitte noch mal erklären?
4. Was haben Sie gesagt? Wir kennen den Ausdruck nicht.
5. Wissen Sie schon, an welchem Tag die Prüfung stattfindet?

a) Bitte noch mal! Wir haben den Ausdruck noch nie gehört.
b) Wir möchten den Genitiv wiederholen. Er ist noch unklar.
c) Entschuldigung, ich kenne die Bedeutung von „schimpfen" nicht.
d) Ist der genaue Prüfungstermin schon bekannt?
e) Leider verstehe ich nicht, wie die Aufgabe genau gemeint ist.

1	2	3	4	5
c				

der Ausdruck (¨-e)
schimpfen, übersetzen-hat übersetzt, vergleichen-vergleicht-verglich-hat verglichen, verlassen-verlässt-verließ-hat verlassen, verstehen-versteht-verstand-hat verstanden

B13 Wenn ich Zeit hätte, ... Irreale Bedingungssätze in der Gegenwart

GR Verbinden Sie die Sätze mit *wenn* und verwenden Sie den Konjunktiv II.

1. Ich habe Zeit. Ich lerne eine weitere Fremdsprache. *Wenn ich Zeit hätte, würde ich eine weitere Fremdsprache lernen.*
2. Du sprichst lauter. Wir können dich verstehen. ______________________
3. Der Lehrer schimpft nicht dauernd. Der Unterricht macht Spaß. ______________________

4. Seine Familie ist hier. Vieles ist einfacher. ______________________
5. Sie muss nicht so viel arbeiten. Sie kann mehr lernen. ______________________
6. Seine Sprachkenntnisse sind ausreichend. Er hat mehr Chancen im Beruf. ______________________

Aufgepasst!

Irreale Bedingungssätze mit *wenn* stehen im Konjunktiv II. Mit dem Konjunktiv II der Gegenwart drückt man aus, dass etwas theoretisch möglich wäre, aber unwahrscheinlich ist.

***Wenn** er Zeit **hätte**, **würde** er uns **besuchen**.*

*Er **würde** uns **besuchen**, **wenn** er Zeit **hätte**. (Aber er hat keine Zeit.)*

Der nachgestellte Hauptsatz kann auch mit *dann* eingeleitet werden:

***Wenn** er Zeit hätte, **dann** würde er uns besuchen.*

Hilfs- und Modalverben haben starke Konjunktivformen: *sein → wäre, haben → hätte, können/müssen/dürfen/sollen/wollen → könnte/müsste/dürfte/sollte/wollte*

die Kenntnis (-se) ■ ausreichend

B14 An deiner Stelle Irreale Bedingungssätze in der Gegenwart

GR + WS **Bilden Sie Bedingungssätze mit *wenn* + Konjunktiv II.**

Wenn ich an deiner/Ihrer Stelle wäre, Wenn ich du/Sie wäre, Wenn ich in deiner/Ihrer Situation wäre,	(dann)	den Kurs beenden, den Kurs wiederholen, einen Ausbildungsplatz suchen, sich alles genau aufschreiben, nicht lügen, vorsichtig sein, nicht so mutig sein, wahrscheinlich Angst haben
Wenn ich an deiner Stelle wäre,	*dann*	*würde ich den Kurs beenden.*

B15 Wortketten

WS **Was passt zusammen? Bilden Sie Wortketten mit Komposita und ergänzen Sie die Artikel.**

-buch/Buch- • ~~-beginn~~ • -land/Länder- • -lesung • -partner/Partner- • -platz • -rat • ~~-sprache/Sprach-~~

1. *die* Fremd*sprache* – *der* *Sprach*kurs – *der* Kurs*beginn*
2. ____ Herkunfts________ – ____ ________spiel – ____ Spiel________
3. ____ Wörter________ – ____ ________autor – ____ Autoren________
4. ____ Ehe________ – ____ ________gemeinde – ____ Gemeinde________

der Ausbildungsplatz (¨-e), der Autor (-en), die Gemeinde (-n), die Herkunft (¨-e), der Partner (-) ■ aufschreiben, beenden, lügen-lügt-log-hat gelogen ■ mutig

Teste dich!

T1 Gründe

Ersetzen Sie die *weil*-Sätze durch eine Präpositionalergänzung mit *wegen*.

1. Wir schlafen schlecht, weil es heiß ist. → *Wegen der Hitze schlafen wir schlecht.*
2. Sie liegt im Krankenhaus, weil sie einen Unfall hatte. → ______
3. Er kann im Moment nicht trainieren, weil er an der Schulter verletzt ist. → ______
4. Ich mache regelmäßig Yoga, weil ich Rückenprobleme habe. → ______

☺ ○ 😐 ○ ☹ ○

T2 Wenn ich könnte, ...

Bilden Sie Bedingungssätze mit *wenn* + Konjunktiv II.

1. ich: können – dir helfen: *Wenn ich könnte, würde ich dir helfen.*
2. du: früher ins Bett gehen – nicht immer so müde sein: ______
3. er: einen Führerschein haben – sich vielleicht ein Auto kaufen: ______
4. sie: mehr Geld verdienen – nicht ständig sparen müssen: ______
5. wir: eine eigene Wohnung haben – vieles einfacher für uns sein: ______
6. ihr: nicht beide einen guten Job haben – sich weniger leisten können: ______
7. sie (*Pl.*): eine Ausbildung machen dürfen – sehr zufrieden sein: ______

☺ ○ 😐 ○ ☹ ○

T3 Medikamente

Ergänzen Sie das passende Modalverb mit dem passenden Infinitiv Passiv.

dürfen (2x) • können • ~~müssen~~ • müssen • sollen
beenden • ~~einnehmen~~ • garantieren • lagern • schlucken • vergessen

1. Medikamente *müssen* immer zur gleichen Tageszeit *eingenommen werden*.
2. Die regelmäßige Einnahme ________ nicht ________________.
3. Tabletten ________ mit Wasser ________________.
4. Die Therapie ________ nicht vorzeitig ________________.
5. Medikamente ________ richtig ________________.
6. Der Erfolg der Behandlung ________ nicht ________________.

☺ ○ 😐 ○ ☹ ○

T4 Meine Sprachen

Ergänzen Sie das passende Wort in der richtigen Form.

Abendkurs • allerdings • aufwachsen • Aussprache • ausreichend • daher • desto • Erfolg • Kenntnis • leicht • mein • Muttersprache • Schrift • sein • sicher • später • ~~stammen~~ • verstehen • wenn • weshalb

Meine Eltern (1) *stammen* aus Perm in Russland. Russisch ist zwar die Sprache (2) ________ Eltern, aber meine (3) ________ ist eigentlich Deutsch. (4) ________? Ganz einfach: Ich bin in Deutschland geboren, dort (5) ________ und in die Schule gegangen. (6) ________ ist Deutsch die Sprache, die ich am besten und am (7) ________ spreche und schreibe. (8) ________ kann ich die kyrillische (9) ________ lesen und (10) ________ fast alles. Nur meine (11) ________ in russischer Grammatik sind nicht (12) ________. Englisch ist da viel (13) ________! (14) ________ ich Russisch so gut könnte wie Englisch, (15) ________ ich froh! (16) ________ habe ich noch im (17) ________ Französisch gelernt. Leider ohne großen (18) ________! Ich hatte immer Schwierigkeiten mit der (19) ________. Aber: Je mehr Sprachen man spricht, (20) ________ besser!

☺ ○ 😐 ○ ☹ ○

C Jobsuche und Beruf

C1 Während der Ferien Temporale Präposition *während*

GR Ersetzen Sie die Präposition *in* + Dativ durch *während* + Genitiv.

1. *In den Sommerferien* / Während der Sommerferien jobben viele Schüler.
2. *In meiner Schulzeit* / ______________________ hatte ich verschiedene Nebenjobs.
3. Sie hat ihren Mann *im Studium* / ______________________ kennengelernt.
4. Er hat *im Unterricht* / ______________________ nie aufgepasst.
5. *In der Pause* / ______________________ macht sie schnell ihre Hausaufgaben.
6. *In den Sommermonaten* / ______________________ solltest du Bewerbungen schreiben.
7. *Im Vorstellungsgespräch* / ______________________ entscheidet sich oft, ob man die Stelle bekommt.

> **Aufgepasst!**
> Mit der temporalen Präposition *während* kann man auf die Frage *wann?* antworten. Nach *während* steht der Genitiv, in der gesprochenen Sprache auch oft der Dativ.
> ***Wann** machst du das Praktikum? –* ***Während** der Ferien./* ***Während** den Ferien.*
> *Während* kann manchmal durch andere Präpositionen, z. B. *in* (+ Dativ), ersetzt werden: ***während** der Ferien =* ***in den** Ferien /* ***während** der Fahrt =* ***auf** der Fahrt /* ***während** meines Auslandsaufenthalts =* ***bei** meinem Auslandsaufenthalt*

C2 Innerhalb einer Woche Präpositionen *innerhalb/außerhalb*

GR Kreuzen Sie die passende Präposition an. Einmal sind beide Präpositionen möglich.

1. Wir geben Ihnen ○ außerhalb ⊗ innerhalb einer Woche Bescheid.
2. Wir sind auch ○ außerhalb ○ innerhalb der Bürozeiten immer für Sie erreichbar.
3. Der Kurs war ○ außerhalb ○ innerhalb kurzer Zeit ausgebucht.
4. ○ Außerhalb ○ Innerhalb des Gebäudes darf nicht geraucht werden.

5. Die Firma hat mehrere Filialen ○ außerhalb ○ innerhalb der Stadt.
6. Als Praktikant arbeiten Sie in verschiedenen Abteilungen ○ außerhalb ○ innerhalb des Betriebes.
7. Er interessiert sich auch für Tätigkeiten ○ außerhalb ○ innerhalb seines Berufs.

Aufgepasst!
Die Präpositionen *innerhalb* und *außerhalb* kann man temporal oder lokal verwenden. Sie stehen mit Genitiv, in der gesprochenen Sprache auch mit *von* + Dativ.
Wir melden uns ***innerhalb*** *eines Monats /* ***innerhalb von*** *einem Monat.*
Wir sind auch ***außerhalb*** *der Firma ein tolles Team.*
innerhalb *Deutschlands /* ***innerhalb von*** *Deutschland*

C3 In der Firma Präpositionen *während* und *innerhalb/außerhalb*

GR **Ergänzen Sie die passende Präposition *während, innerhalb* oder *außerhalb* und das Nomen im Genitiv.**

1. *Während der Mittagspause* geht sie manchmal einkaufen. (die Mittagspause)
2. Er hat ________________ zweimal den Job gewechselt. (ein Jahr)
3. ________________ war sie oft krankgeschrieben. (ihre Schwangerschaft)
4. Leider rufen Sie ________________ an. (unsere Geschäftszeiten)
5. Er hat ________________ Karriere gemacht. (kurze Zeit)
6. ________________ hat ihn ein Kollege vertreten. (sein Urlaub)
7. Sie können Ihren Job ________________ wechseln. (die Firma)
8. Wir sind ein Unternehmen, das auch ________________ bekannt ist. (Europa)
9. Ein Teil unserer Mitarbeiter arbeitet ________________. (das Büro)
10. ________________ möchten wir nicht gestört werden. (die Besprechung)

die Tätigkeit (-en) ■ entscheiden-entscheidet-entschied-hat entschieden, jobben, vertreten-vertritt-vertrat-hat vertreten

C4 Berufe

WS Ergänzen Sie die passenden Nomen und den richtigen Beruf.

Aufträgen • Bürojob • Friseur • Gäste • Geschäftsleute • Haare • Hausmeister • Job • Konkurrenz • Läden • Maler • Risiko • Schreibtisch • Serviceangestellte • Servicebereich • Softwarefirma • ~~Übersetzerin~~ • Übersetzungsbüro • Wohnungen

1. Eva ist *Übersetzerin*. Sie arbeitet in einem großen ______________________. Dort hat sie einen sicheren ________ und weniger ______________________ als auf dem freien Markt.
2. Zenan hat keinen _____________. Er ist ______________________ in einer großen Wohnanlage, wo er für dreißig ______________________ zuständig ist.
3. Auch Linus sitzt nicht gern am _________________________. Er liebt seinen Beruf als __________ und kann sich vor ______________________ kaum retten.
4. Kathleen und ihr Mann sind _________________________. Sie haben eine ____________________ gegründet und finden, dass sich das __________ gelohnt hat.
5. Berit arbeitet im _______________________. Sie ist ____________________________ in einem Restaurant und bedient die __________.
6. Pablo schneidet den Leuten die __________. Er hat sich als ____________ selbstständig gemacht und besitzt zwei eigene __________.

der Auftrag (¨e), die Geschäftsleute (*Pl.*), die Konkurrenz, der Maler (-), das Risiko (-ken), der/die Serviceangestellte (-n), die Software (-s), der Übersetzer (-)
besitzen-besitzt-besaß-hat besessen, gründen, (sich) lohnen, schneiden-schneidet-schnitt-hat geschnitten ■ zuständig (sein für + *Akk.*)

C5 Bewerbung

WS Was gehört zusammen? Ordnen Sie die Briefteile a–j den Briefteilen 1–10 in der richtigen Reihenfolge zu.

1. Bewerbung als Krankenschwester
2. als Krankenschwester mit jahrelanger Berufserfahrung
3. Ihre Stellenanzeige hat mich sofort angesprochen.
4. Ich habe meine Ausbildung in Kroatien abgeschlossen und
5. In diesem Bereich habe ich verschiedene Fortbildungen gemacht.
6. Meine Aufgaben erledige ich schnell und zuverlässig.
7. Meine Muttersprache ist Kroatisch,
8. Über Ihre Einladung zu einem Vorstellungsgespräch
9. Mit freundlichen Grüßen
10. Anlagen:

a) Lebenslauf, Zeugnisse
b) Sehr geehrte Damen und Herren,
c) Deswegen bewerbe ich mich.
d) Dabei macht mir der Kontakt mit Patienten, Pflege- und Arztpersonal sehr viel Spaß.
e) aber ich spreche auch fließend Deutsch und Russisch.
f) Ich beherrsche auch alle wichtigen PC-Programme für die Verwaltung der Patientendaten.
g) freue ich mich sehr.
h) betreue seit sechs Jahren Patienten der Geriatrie.
i) suche ich neue Aufgaben.
j) Iva Novak

1	2	3	4	5	6	7	8	9	10
b									

die Anlage (-n), die Aufgabe (-n), die Fortbildung (-en), der Lebenslauf (¨-e)
abschließen-schließt ab-schloss ab-hat abgeschlossen, betreuen ■ jahrelang

C6 Rund um den Job Infinitiv mit *zu*

GR Ergänzen Sie das fehlende Wort und das Komma vor der Infinitivergänzung. Unterstreichen Sie den Infinitiv mit *zu*.

Angst • aufhören • erwarten • fällt • finde • Interesse • lohnt • ~~Lust~~ • Möglichkeiten • schwierig • selbstverständlich • Spaß • vergessen • versucht • vorstellen • Zeit

1. Ich habe *Lust,* Ihr Team zu unterstützen.
2. Sie hat alles ______________ einen Job zu finden.
3. Könntest du dir ______________ eine Zeit lang im Ausland tätig zu sein?
4. Ohne Ausbildung ist es ______________ eine gute Stelle zu bekommen.
5. Es macht ihm keinen __________ bis spät abends im Büro zu sitzen.
6. Hast du etwa ______________ die Präsentation vorzubereiten?
7. Sie hat neben der Arbeit wenig __________ Freunde zu treffen.
8. Ich __________ es sehr stressig_ Beruf und Familie zu vereinbaren.
9. Es ist nicht ________________________ in einer großen Firma zurechtzukommen.
10. Kannst du nicht ______________ mich ständig zu kritisieren?
11. Ich hätte ______________ das Projekt zu übernehmen.
12. Es __________ ihm schwer_ jeden Tag pünktlich zu sein.
13. Wir haben __________ keine neuen Aufträge mehr zu bekommen.
14. Es gibt mehrere ________________________ die Probleme zu lösen.
15. Ich kann es kaum ______________ meine neuen Kollegen kennenzulernen.
16. Es __________ sich immer_ etwas Neues auszuprobieren.

Aufgepasst!

Nach bestimmten Verben und (unpersönlichen) Ausdrücken folgt eine Ergänzung mit *zu* + Infinitiv. Vor der Infinitivergänzung steht ein Komma.

*Ich **versuche,** pünktlich **zu kommen**. / Hast du **Lust,** mit mir schwimmen **zu gehen**?*

*Wir **finden es wichtig,** uns gesund **zu ernähren**. / **Es stresst** sie, jeden Tag **zu kochen**.*

***Es ist (nicht) leicht,** eine Fremdsprache **zu lernen**.*

Bei trennbaren Verben steht *zu* zwischen dem trennbaren Teil und dem Stamm des Verbs: ***Es macht Spaß,** alte Fotos an**zu**schauen.*

C7 Berufliche Pläne und Ziele

WS Schreiben Sie die Sätze richtig. Achten Sie auf die Satzzeichen.

Milan: IchbinMusikerEsistnichtsoeinfachseinGeldmitMusikzuverdienenTalentist VoraussetzungaberTalentalleingenügtnichtWichtigistLeutezukennenundflexibel zuseinWennmirdasGeschäftmitderMusikzuunsicherwirdarbeiteichwiederals Bürokaufmann *Ich bin Musiker.* ___

___

___

___

Rebecca: MeinPlanisteinKosmetikstudiozueröffnenDasisteinfinanziellesRisikoundich wartenochaufdenrichtigenZeitpunktBisdahinheißtesErfahrungenzusammelnund denMarktzubeobachten ___

___

___

David: MeingrößterWunschwäreesalsJournalistimAuslandzuarbeitenImMomentstudiere ichnochundschreibenebenbeiArtikelfürdieZeitungAußerdemhabeichangefangen ChinesischzulernenVielleichtistdasspätervonVorteil ___

___

___

___

Naomi: IchbinnichtbesondersehrgeizigundhabenichtvorKarrierezumachenIchhoffe einfachnurnichtarbeitsloszuwerden ___

___

___

der Kaufmann (¨-er)/die Kauffrau (-en), das Talent (-e), die Verantwortung, die Voraussetzung (-en), der Vorteil (-e), der Zeitpunkt (-e) ■ aufhören, erwarten, genügen, lohnen, lösen, übernehmen-übernimmt-übernahm-hat übernommen, unterstützen, vorhaben, zurechtkommen ■ finanziell ■ nebenbei

C8 Wozu braucht man das? Finale Konjunktion *damit*

GR **Bilden Sie Sätze mit *damit*. Vergessen Sie das Komma vor *damit* nicht.**

Man braucht	ein Pass, Geld, ein Smartphone, ein Beruf, eine Sonnenbrille, Winterkleidung	damit	unabhängig sein, sich ausweisen können, schnell kommunizieren können, Geld verdienen, im Winter nicht frieren, seine Augen vor der Sonne schützen
Man braucht	*einen Pass,*	*damit*	*man sich ausweisen kann.*

Aufgepasst!

Mit der finalen Konjunktion *damit* gibt man ein Ziel oder eine Absicht an und kann auf die Frage *wozu?* antworten. Im *damit*-Satz steht das Verb am Ende. Vor *damit* steht ein Komma.

***Wozu** lernst du Deutsch? – Ich lerne Deutsch, **damit** ich in Deutschland Arbeit **finde**.*

Der Nebensatz mit *damit* kann auch vor dem Hauptsatz stehen:

***Damit** ich in Deutschland Arbeit **finde**, lerne ich Deutsch.*

C9 ..., um gesund zu bleiben. Finale Konjunktion *um zu* + Infinitiv

GR **Ersetzen Sie den *damit*-Satz durch eine Infinitivergänzung mit *um zu*. Unterstreichen Sie im Haupt- und im *damit*-Satz das Subjekt.**

1. Wir treiben Sport, *damit wir gesund bleiben*: *um gesund zu bleiben*.
2. Sie fahren in Urlaub, *damit sie sich erholen*: ____________________
3. Er lernt viel, *damit er die Prüfung besteht*: ____________________
4. Sie hat eine Kreditkarte, *damit sie bargeldlos zahlen kann*: ____________________

____

5. Du trainierst viel, *damit du das nächste Tennismatch gewinnst*: ______________________

____

6. Ich höre regelmäßig Nachrichten, *damit ich immer gut informiert bin*: ______________

____

7. Ihr habt ein Haus gekauft, *damit ihr mehr Platz habt*: ______________________

Aufgepasst!
Ein *damit*-Satz kann durch eine Infinitivergänzung mit *um zu* ersetzt werden, wenn Subjekt von Haupt- und Nebensatz gleich sind. Vor oder nach der Infinitivergänzung steht ein Komma.
***Wir** treiben Sport, **damit wir** gesund bleiben.* → ***Wir** treiben Sport, **um** gesund **zu** bleiben. / **Um** gesund **zu** bleiben, treiben **wir** Sport.*

C10 Im Kaufhaus

WS Ergänzen Sie das passende Wort.

Auswahl • Bestimmtes • dürfte • hätte • ~~helfen~~ • Kasse • Kassenzettel • klar • klassisch • klein • schauen • Spiegel • Umtausch • umtauschen • Untergeschoss

- Kann ich Ihnen vielleicht (1) helfen? Suchen Sie etwas (2) ______________?
- Danke, ich möchte eigentlich nur ein bisschen (3) ______________. Aber eine Frage (4) __________ ich. Finde ich bei Ihnen (5) ______________?
- Ja, im (6) ______________ haben wir eine große (7) ______________ von modern bis (8) ______________. Da finden Sie sicher etwas.
- Entschuldigung, (9) __________ ich Sie kurz etwas fragen? Ich möchte die Hose meiner Tochter (10) ______________, weil sie ihr zu (11) __________ ist.
- Kein Problem! Sie benötigen nur den (12) ______________ und können den (13) ______________ direkt an der (14) __________ vornehmen.
- Alles (15) __________! Vielen Dank!

die Auswahl, der Spiegel (-)
benötigen, gewinnen-gewinnt-gewann-hat gewonnen, umtauschen

C11 Ohne zu überlegen Modale Konjunktionen *ohne zu/statt zu* + Infinitiv

GR Ergänzen Sie *ohne* oder *statt* und den passenden Infinitiv mit *zu*.

anhalten • aufhören • helfen • nehmen • ~~reden~~ • sein • surfen • überlegen • verabschieden • zahlen

1. Wir sollten endlich handeln, *statt* immer nur *zu reden*.
2. __________ die U-Bahn __________________, sind sie mit dem Auto gefahren.
3. Er ist einfach verschwunden, __________ sich ______________________________.
4. Sie hat die Bar verlassen, ______________________________.

5. __________ mit dem Rauchen __________________, schadet er lieber seiner Gesundheit.
6. Sie leben seit Jahren zusammen, __________ verheiratet ____________.
7. Du solltest lieber deine Hausaufgaben machen, ________ im Internet ____________.
8. Er fuhr quer über die Kreuzung, __________ am Stoppschild __________________.
9. __________ lange __________________, habe ich den Vertrag unterschrieben.
10. Warum steht ihr nur herum, __________ uns __________________?

Aufgepasst!

Die modalen Konjunktionen *ohne* und *statt* können mit *zu* + Infinitiv verwendet werden. Sie drücken aus, dass etwas nicht bzw. alternativ geschieht. Vor oder nach der Infinitivergänzung steht ein Komma.

*Er redet**, ohne zu überlegen**. / **Statt** endlich still **zu sein,** redet sie weiter.*

Bei unterschiedlichen Subjekten steht nach *ohne* und *statt* ein Nebensatz mit *dass*:

*Er ist umgezogen, **ohne dass jemand** davon wusste.*

***Statt dass er** mal hilft, muss **sie** wieder alles allein machen.*

Die Präpositionen *ohne* (+ Akkusativ) und *statt* (+ Genitiv/Dativ) haben die gleiche Bedeutung wie die Konjunktionen:

*Er geht nicht **ohne sein Handy** aus dem Haus.*

***Statt einer Wohnung** wollen sie lieber ein Haus mieten.*

C12 Neuer Job

WS Wie kann man noch sagen? Ordnen Sie zu.

1. Aller Anfang ist schwer! Das gilt auch für das Berufsleben.
2. Er war jahrelang im Verkauf tätig.
3. Ich habe mich entschlossen, zu kündigen.
4. Was halten Sie davon, die Abteilung zu wechseln?
5. Sie ist es gewohnt, früh aufzustehen.

a) Er hat mehrere Jahre Berufserfahrung als Verkäufer.
b) Meine Kündigung steht fest.
c) Es ist normal für sie, wenn der Arbeitstag früh am Morgen beginnt.
d) Als Berufsanfänger hat man es nicht immer leicht.
e) Hätten Sie Lust, in einem anderen Bereich zu arbeiten?

1	2	3	4	5
d				

C13 Bewerbungsgespräch

WS Was passt zusammen? Bilden Sie aus jedem Wortteil zwei Komposita und ergänzen Sie die Artikel.

~~-gespräch~~ • -gründung • -handel • -leiter
Betriebs- • Geschäfts- • Renten-

1. das Bewerbungs-/Vorstellungsgespräch
2. _____ ____________idee/_____ -eröffnung
3. _____ Abteilungs-/Produktions________
4. _____ ____________feier/_____ -geheimnis
5. _____ Außen-/Gold________
6. _____ ________anspruch/_____ –zahlung
7. _____ Firmen-/Neu____________

der Anspruch (¨-e), die Einzelheit (-en), das Geheimnis (-se), der Handel, die Produktion (-en) beginnen-beginnt-begann-hat begonnen, begrüßen, (sich) entschließen-entschließt-entschloss-hat entschlossen, gelten-gilt-galt-hat gegolten, halten-hält-hielt-hat gehalten, überlegen, (sich) verabschieden, verschwinden-verschwindet-verschwand-ist verschwunden

Teste dich!

T1 Geld und Erfolg

Bilden Sie Finalsätze mit *damit/um zu* oder Infinitivsätze mit *zu/ohne zu/ statt zu*. Achten Sie auf die richtigen Verbformen.

1. Anja – jobben wollen – Ferien / haben – genug Geld – Urlaub:
   Anja will in den Ferien jobben, damit sie genug Geld für den Urlaub hat / um genug Geld für den Urlaub zu haben.
2. Niko – ausgeben – Geld – seine Eltern – lieber / arbeiten – selbst:
   Niko gibt lieber das Geld seiner Eltern aus, statt selbst zu arbeiten.
3. Til – sein – sicher – sich / finden – gute Stelle – später einmal:
   ______
4. Merle – leihen – Geld – jeder / nachdenken – lange:
   ______
5. Stine – mithelfen – Sportverein – regelmäßig / bezahlt werden – dafür:
   ______
   ______
6. Roman – liegen – Sofa – faul / schreiben – Bewerbungen:
   ______
7. Amir – spielen – Lotto – fleißig / werden – Millionär – irgendwann einmal:
   ______
   ______
8. Jannis – planen / gründen – Firma – seine Freunde:
   ______
9. Caro – annehmen – jeder Job / ihre Kinder – studieren können:
   ______
10. Betty – hoffen / werden – erfolgreiche Künstlerin:
    ______

☺ ○ 😐 ○ ☹ ○

T2 Es geht.

Wann muss *es* stehen? Kreuzen Sie an oder streichen Sie.

1. ⊗ Es ist richtig, dass ihm ○ ~~es~~ die Suppe nicht geschmeckt hat.
2. ○ Es ist nicht weit bis zum Schwimmbad. Da vorn sieht man ○ es schon.
3. Wir freuen uns darüber, dass ○ es das Wetter so schön ist und ○ es endlich nicht mehr regnet.
4. ○ Es kann gefährlich sein, nachts allein nach Hause zu gehen, wenn ○ es schon dunkel ist und fast niemand mehr unterwegs ist.
5. Jetzt fängt ○ es schon wieder an, zu schneien. Ich glaube ○ es nicht!
6. Wir sind ○ es froh darüber, dass ○ es uns allen gut geht.

☺ ○ 😐 ○ ☹ ○

T3 Beschwerde

Ergänzen Sie das passende Wort in der richtigen Form.

daher • daran • ebenfalls • enttäuscht • erwarten • erhalten • freundlich • ~~geehrt~~ • Grund • hiermit • innerhalb • Interesse • liefern • mittlerweile • obwohl • Service • Stoff (2x) • telefonisch • zu

Sehr (1) *geehrte* Damen und Herren,

mit zwei Wochen Verspätung (2) ________ ich heute das Kleid ____________, das ich am 11.10.2020 (3) __________________ bei Ihnen bestellt habe. Es sollte (4) ____________ von zehn Tagen (5) ______________________________. Ich wollte es bei einem Geburtstag tragen, der (6) __________________ vorbei ist. Auch aus anderen (7) ____________ bin ich extrem (8) __________________. Die Qualität des (9) ____________ ist nicht so, wie ich (10) ______________________________. Der (11) ____________ ist viel zu dünn und schlecht genäht. Die Größe stimmt (12) _______________ nicht, (13) ____________ ich genau gemessen habe. (14) ____________ kommt ein Umtausch für mich nicht infrage. Ich sende das Kleid (15) ____________ zurück. Wenn sich in (16) ____________ und Qualität nichts ändert, habe ich kein (17) __________________ mehr (18) ____________, weiter als Kundin bei Ihnen (19) _____ bestellen.

Mit (20) __________________ Grüßen

☺ ○ 😐 ○ ☹ ○

D Wohnen und Arbeiten

D1 Wenn ich das bloß gewusst hätte! Irreale Wünsche in der Vergangenheit

a GR **Formulieren Sie einen Wunsch mit oder ohne *wenn*. Verwenden Sie den Konjunktiv II der Vergangenheit und die Modalpartikel in Klammern.**

1. Das habe ich nicht gewusst! (bloß) Wenn *ich das bloß gewusst hätte!*
2. Ich bin in eine andere Wohnung gezogen. (doch bloß)

   Wäre ich doch bloß in keine andere Wohnung gezogen!
3. Du hast das Auto gekauft. (nur) ______
4. Du bist ins Ausland gegangen. (nur) ______
5. Das Grundstück ist so teuer gewesen. (doch nur) Wenn ______

   ______
6. Das Haus hat keine Terrasse gehabt. (doch)

   ______
7. Es hat im Gebäude keinen Lift gegeben. (bloß)

   Wenn ______
8. Wir waren so dumm. (nur) Wenn ______
9. Ihr habt uns nicht geglaubt. (doch) ______
10. Ihr seid zu spät gekommen. (doch bloß)

    ______
11. Sie *(Höflichkeitsform)* haben nicht Bescheid gesagt. (doch nur) Wenn ______

    ______

b **Ergänzen Sie die Verben von oben im Konjunktiv II der Vergangenheit.**

1. ich *hätte gewusst / wäre gezogen*	4. wir ______
2. du ______ ______	5. ihr ______ ______
3. er/sie/es ______ ______	6. sie/Sie ______

Aufgepasst!

Den Konjunktiv II der Vergangenheit bildet man aus den Formen des Perfekts. Das Hilfsverb *haben* oder *sein* wird in den Konjunktiv II gesetzt.

*kaufen → **hat** gekauft → **hätte** gekauft, kommen → **ist** gekommen → **wäre** gekommen*

Der Konjunktiv II der Vergangenheit drückt Unmöglichkeit aus. Mit dem Konjunktiv II der Vergangenheit kann man irreale Wunschsätze bilden. Sie werden mit *wenn* (+ Verb am Ende) oder direkt mit dem Verb an Position 1 eingeleitet. Am Ende steht ein Ausrufezeichen.

Wenn** ich das **gewusst hätte!** / **Hätte** ich das **gewusst!

Irreale Wunschsätze werden gern mit Modalpartikeln wie *bloß, nur, doch, doch bloß* oder *doch nur* verstärkt:

*Wenn ich das **bloß** früher gewusst hätte! / Hätte ich das **doch nur** früher gewusst!*

D2 Rechte und Pflichten

WS Wie heißen die Wörter? Ergänzen Sie die fehlenden Vokale.

1. Als *Eigentümer* eines H*au*s*e*s hat man R*e*cht*e* und Pfl*i*cht*e*n.
2. Mein N_chb_r b_schw_rt s_ch _b_r den L_rm von K_nd_rn.
3. Str__t_gk__t_n mit Nachbarn _nd_n oft v_r G_r_cht.
4. Ein Proz_ss kann m_n_t_l_ng d___rn und t___r werden.
5. Sie br__ch_n _nb_d_ngt einen g_t_n R_chts_nw_lt.
6. W_r möchte nicht in Fr__d_n m_t s__n_n Nachbarn l_b_n?

der Anwalt/Rechtsanwalt (¨-e), das Eigentum, der Frieden, das Gebäude (-), das Gericht (-e), das Grundstück (-e), der Lärm, der Lift (-e), die Pflicht (-en), der Prozess (-e), die Terrasse (-n) monatelang

D3 Entscheidungen Zweiteilige Konjunktionen *entweder … oder, nicht nur …, sondern auch* und *zwar …, aber.*

GR Ergänzen Sie.

~~entweder … oder~~ • entweder … oder (2x) • nicht nur …, sondern auch (3x) • zwar …, aber (3x)

1. Sie können Ihr Auto *entweder* am Straßenrand *oder* in der Tiefgarage parken.
2. Ich habe _______ ein Auto, _______ meistens fahre ich mit der U-Bahn.
3. Sie können die Wohnung ___________ morgen _______ nächste Woche besichtigen.
4. Die neue Wohnung sollte ___________ zentral liegen, ___________ bezahlbar sein.
5. Die Wohnung ist _______ günstig, _______ nicht sehr schön.
6. _________ du ziehst in eine WG _______ du suchst dir ein Zimmer zur Untermiete.
7. Er liest _____________ Anzeigen, ___________ fragt _________ bei Freunden nach.
8. Sie besitzen ____________ Wohnungen in München, __________________ in Berlin.
9. Hier ist Grillen _______ nicht erlaubt, _______ die Leute grillen trotzdem.

Aufgepasst!

Die zweiteiligen Konjunktionen *entweder … oder, nicht nur …, sondern auch* und *zwar …, aber* verbinden Satzteile oder Sätze, die besonders hervorgehoben werden sollen.

*Er trinkt **nicht nur** Tee, **sondern auch** Kaffee. / Er hat **nicht nur** eine Wohnung in der Stadt gemietet, **sondern auch** ein Haus auf dem Land gekauft.*

*Er trinkt **zwar** schwarzen Tee, **aber** keinen Kaffee. / Er hat **zwar** viele Wohnungen besichtigt, **aber** keine hat ihm gefallen.*

Bei *entweder … oder* gibt es unterschiedliche Satzstellungen. Es steht kein Komma.

*Er trinkt **entweder** Tee **oder** Kaffee. / **Entweder wir mieten/Entweder mieten wir/Wir mieten entweder** eine Wohnung in der Stadt **oder** wir kaufen ein Haus auf dem Land.*

D4 Dauerlärm bei den Nachbarn

WS Ergänzen Sie das passende Wort in der richtigen Form.

abmachen • berufstätig • Bitte • deswegen • Fall • genügen • Gespräch • Gruß • höchstens • Nacht • nehmen • Student • Verständnis • vorher • ~~wenden~~

Liebe Nachbarn,

wir (1) _wenden_ uns heute mit einer E-Mail an Sie, weil unsere vielen (2) ____________ leider nichts gebracht haben. Wir hatten (3) ______________, dass Sie (4) ______________ einmal im Monat bis in die (5) __________ hinein Party machen und dass Sie das (6) __________ ankündigen. Das ist leider nicht der (7) __________. Wir verstehen, dass (8) ______________ anders arbeiten, schlafen und feiern als Leute, die (9) ______________ sind und Kinder haben. (10) ______________ möchten wir unsere (11) __________ wiederholen: Wäre es nicht möglich, ein bisschen Rücksicht auf die anderen Bewohner im Haus zu (12) ____________? Es würde ja schon (13) ___________, die Musik leiser zu stellen. Wir hoffen auf Ihr (14) ______________!

Viele (15) __________ von allen Nachbarn im Haus

D5 Dachterrasse

WS Was passt zusammen? Bilden Sie aus einem Nomen zwei Komposita und ergänzen Sie die Artikel.

~~-dach/Dach-~~ • -garten/Garten- • -keller/Keller- • -lärm/Lärm- • -rasen/Rasen- • -verbot/Verbots-

1. _das_ Haus_dach_ – _die_ _Dach_terrasse
2. _____ Winter____________ – _____ ____________erde
3. _____ Kunst____________ – _____ ____________mäher
4. _____ Fahrrad____________ – _____ ____________treppe
5. _____ Straßen____________ – _____ ____________schutz
6. _____ Park____________ – _____ ____________schild

die Erde, die Genehmigung (-en), das Gespräch (¨-e), der Keller (-), der Rasen (-), die Rücksicht, das Verbot (-e) ■ höchstens

D6 Trotz Erkältung Konzessive Präposition *trotz*

GR Ersetzen Sie den *obwohl*-Satz durch *trotz* und das passende Nomen.

der vielen Probleme • des Drucks im Beruf • ihrer Karriere • ~~seiner Erkältung~~ • seiner Unzufriedenheit • Stau

1. *Obwohl er erklältet ist, /* Trotz seiner Erkältung ist mein Kollege nicht zu Hause geblieben.
2. *Obwohl er im Stau stand, /* ______________ war sie pünktlich im Büro.
3. *Obwohl es viele Probleme gab, /* ______________________________ konnte das Projekt erfolgreich beendet werden.
4. *Obwohl sie Karriere gemacht hat, /* ______________ ist sie nicht eingebildet.
5. *Obwohl er unzufrieden ist, /* ______________________________ will er die Firma nicht wechseln.
6. *Obwohl wir viel Druck im Beruf haben, /* ______________________________ versuchen wir, Überstunden zu vermeiden.

Aufgepasst!
Mit der konzessiven Präposition *trotz* drückt man aus, dass etwas gegen die Erwartung geschieht. Man gibt einen „Gegengrund" an. Nach *trotz* steht der Genitiv oder ein einfaches Nomen ohne Artikel und Endung.
***Trotz** seiner Verletzung spielt er Fußball. / Er spielt **trotz** Verletzung Fußball.*
Einfache Nomen im Plural stehen immer im Dativ: ***trotz** Problemen im Job*

D7 Treu und ehrlich

WS Was passt nicht? Streichen Sie.

1. echt – ehrlich – ~~falsch~~ – treu – zuverlässig
2. Aussicht – Chance – Misserfolg – Möglichkeit – Perspektive
3. eng – intensiv – nah – locker – untrennbar
4. Ablehnung – Beziehung – Freundschaft – Gemeinschaft – Liebe

D8 Unter Kollegen Präposition und Präpositionaladverb

GR Was gehört zusammen? Verbinden Sie die Sätze und unterstreichen Sie in a–f die Präposition mit dem Pronomen bzw. das Präpositionaladverb.

1. Der neue Kollege scheint sehr schüchtern zu sein.
2. Das Wichtigste für ihn ist die Karriere.
3. Wir brauchen dringend neue Aufträge.
4. Der Chef kommt zu jedem Meeting zu spät.
5. Es gibt eine Kollegin, die sehr schwierig ist.
6. Das Betriebsklima und die Arbeitsatmosphäre sind gut.

a) Wir sollten uns bald darum kümmern.
b) Habt ihr schon mal mit ihm gesprochen?
c) Wir müssen immer auf ihn warten.
d) Darüber sind wir alle froh.
e) Er denkt nur daran.
f) Wir möchten dich vor ihr warnen.

1	2	3	4	5	6
b					

Aufgepasst!
Bezieht man sich mit einer Präposition auf zuvor genannte Personen, verwendet man das passende Personalpronomen:
*Unsere **Kollegin** ist schwer krank. Wir denken oft **an sie**.*
Bezieht man sich mit einer Präposition auf zuvor genannte Dinge oder Sachverhalte, verwendet man das passende Präpositionaladverb:
*Wie sind die neuen **Computer**? – Wir sind sehr zufrieden **damit**.*
*In der Firma **duzen sich** alle. Keiner hat **damit** ein Problem.*
Gleiches gilt für Fragewörter mit Präpositionen:
***Mit wem** hat er Probleme? – Mit dem **Chef**.*
***Womit** hat er Probleme? – Mit dem **Computer**.*

die Atmosphäre, die Beziehung (-en), die Chance (-n), der Druck, die Freundschaft (-en), die Gemeinschaft (-en), die Karriere (-n), das Klima ■ (sich) duzen ↔ (sich) siezen, vermeiden-vermeidet-vermied-hat vermieden, warnen vor (*Dat.*) ■ eng, treu

D9 Kennst du diesen Jungen? n-Deklination

GR Ergänzen Sie bei den Nomen der n-Deklination die fehlenden Endungen.

1. Kennst du diesen Junge*n*?
2. Ich bin diesem Mensch____ noch nie begegnet.
3. Das ist die Katze des Nachbar____.
4. Ich habe einen Neffe____ und zwei Nichten.
5. Wir müssen die Wünsche der Kunde____ berücksichtigen.
6. Diesem Kollege____ kann man es nicht recht machen.
7. Wir haben einen neuen Praktikant____.
8. In unserem Team gibt es zwei Franzose____.

Aufgepasst!
Die Nomen der n-Deklination sind Maskulinum und bezeichnen meistens Personen. Außer im Nominativ Singular haben sie immer die Endung *-(e)n*.
Singular: *der Mensch* (Nom.) → *des* (Gen.)/*dem* (Dat.)/ *den* (Akk.) *Mensch**en***,
Plural: *die* (Nom.)/*der* (Gen.)/*den* (Dat.)/*die* (Akk.) *Mensch**en***

D10 Jugendliche und Erwachsene Nomen aus Adjektiven

GR Kreuzen Sie die richtige Form des Nomens an und ergänzen Sie das zugrunde liegende Adjektiv.

1. Wir haben gestern einen ○ Bekannte ⊗ Bekannten getroffen. → *bekannt*
2. Mein Freund ist ○ Deutschen ○ Deutscher. → ____________
3. Alle Sprachkurse sind für ○ Erwachsene und Jugendliche ○ Erwachsenen und Jugendlichen ab 16. → ____________
4. Er wohnt im Haus einer ○ Verwandten ○ Verwandter. → ____________
5. Sie fühlen sich hier immer noch wie ○ Fremden ○ Fremde. → ____________.

Aufgepasst!
Nomen, die aus Adjektiven gebildet sind, werden großgeschrieben, behalten aber die Endungen von Adjektiven:
***der/die** Deutsche, **ein** Deutscher/eine Deutsche, **die** Deutschen/Deutsche* usw.

D11 Falls etwas unklar ist, ... Konditionale Konjunktion *falls*

GR Bilden Sie aus den Sätzen in Klammern *falls*-Sätze mit und ohne *sollte*. Achten Sie auf die Satzzeichen.

1. *Falls etwas unklar ist/sein sollte,* melden Sie sich bitte. (Etwas ist unklar.)
2. Wir können uns duzen, ______________________________ (Sie sind einverstanden.)
3. ______________________________ mache ich nächstes Jahr meinen Bachelor. (Alles läuft nach Plan.)
4. ______________________________ können Sie sich jederzeit an mich wenden. (Sie haben noch Fragen.)
5. Bitte geben Sie Bescheid, ______________________________ (Sie benötigen noch etwas.)
6. ______________________________ sehen wir uns nächste Woche. (Nichts kommt dazwischen.)
7. ______________________________ lassen Sie es uns bitte wissen. (Etwas fehlt.)
8. Sie können auch eine E-Mail schicken, ______________________________ (Sie erreichen niemanden persönlich.)

Aufgepasst!
Mit der konditionalen Konjunktion *falls* gibt man eine Bedingung oder Voraussetzung an. In *falls*-Sätzen steht das Verb am Ende. Davor oder danach steht ein Komma.
Falls *er den Job* ***bekommt,*** *muss er umziehen.*
*Er muss umziehen****, falls*** *er den Job* ***bekommt****.*
In *falls*-Sätzen kann auch der Konjunktiv mit *sollte* verwendet werden:
Falls *es mit dem Job klappen* ***sollte,*** *... /* ***Falls*** *du umziehen* ***solltest,*** *...*

D

D12 Je schneller, desto besser! Zweiteilige Konjunktion *je ..., desto/umso*

GR Was gehört zusammen? Verbinden Sie die Sätze.

1. Je schneller Sie sich einarbeiten,
2. Je netter die Kollegen sind,
3. Je mehr man arbeitet,
4. Je größer die Probleme sind,
5. Je mehr Geld man verdient,
6. Je schwieriger die Aufgaben sind,

a) desto wichtiger ist es, zu handeln.
b) umso mehr kann man sparen.
c) desto größer ist das Erfolgserlebnis.
d) desto besser (ist es).
e) umso schneller fühlt man sich wohl.
f) umso weniger Freizeit hat man.

1	2	3	4	5	6
d					

Aufgepasst!
Die zweiteilige Konjunktion *je ..., desto* oder *je ..., umso* verbindet einen Nebensatz und einen Hauptsatz. *Je* leitet den Nebensatz ein, das Verb steht am Ende. Mit *desto/umso* beginnt der Hauptsatz mit dem Verb an Position 2. Nach *je* sowie *desto/umso* folgt immer ein Komparativ. Vor *desto/umso* steht ein Komma.
***Je offener** man **ist**, **desto/umso leichter findet** man Freunde.*

D13 Der erste Tag im neuen Job

WS Schreiben Sie die Sätze richtig. Achten Sie auf die Satzzeichen.

Naomi: VordemerstenArbeitstaginderneuenFirmahatteichehrlichgesagteinbisschenAngst JenäherderTagkamdestonervöserwurdeichIchkanntejaniemandenundwollteunbedingt einengutenEindruckmachenAberdieKollegenwarenvonAnfangansehrnettzumirWir habenunssofortgeduztDashatmirtatsächlichgeholfen *Vor dem ersten Arbeitstag in der neuen Firma hatte ich, ehrlich gesagt, ein bisschen Angst.*

Erik: DerersteTagwaraufregendDerChefpersönlichhatmichbegrüßtundsichZeit genommenmirалleszuzeigenSpäterwarichmitdenKollegeninderKantineDiehaben sichwirklichfürmichinteressiertEsherrschteinetolleTeamatmosphäreunddie Zusammenarbeitistbisheutegut ______

______

______

______

der Eindruck (¨-e), die Zusammenarbeit ■ herrschen ■ aufregend, tatsächlich

D14 Mitmenschen Relativpronomen mit Präposition

GR Ergänzen Sie die richtige Präposition mit dem passenden Relativpronomen.

auf das • auf die • für die • ~~mit der~~ • ohne den • von der • vor dem • zu denen

1. Leider zieht unsere Nachbarin, *mit der* wir uns so gut verstanden haben, in eine andere Stadt.
2. Das Kind, ______ ich immer aufpasse, kenne ich seit seiner Geburt.
3. Wir haben viele Freunde, ______ wir uns verlassen können.
4. Das ist der Bekannte, ______ ich den Job nicht bekommen hätte.
5. Nicht alle Kollegen, ______ ich ein gutes Verhältnis habe, treffe ich auch privat.
6. Der Chef, ______ alle Angst hatten, ist endlich in Rente gegangen.
7. Ist das die Kollegin, ______ du mir neulich erzählt hast?
8. Die Firma, ______ ich seit Jahren tätig bin, soll verkauft werden.

Aufgepasst!
Vor dem Relativpronomen *der/die/das* kann eine Präposition stehen, die den Kasus des Relativpronomens bestimmt:
der Kollege (m Sg.), ***mit dem*** (Dativ) *ich essen gehe*
die Kollegin (f Sg.), ***an die*** (Akkusativ) *ich ständig denke*

D

Teste dich!

T1 Wohnung und Job

Ergänzen Sie die passende Präposition *wegen* oder *trotz* bzw. die passende Konjunktion *weil* oder *obwohl*.

1. *Trotz* langer Suche haben wir immer noch keine eigene Wohnung.
2. ________ wir erst zwei Monate hier wohnen, haben wir schon Arbeit gefunden.
3. ________ seiner Qualifikation findet er keinen Job.
4. ________ ihrer interessanten Bewerbung hat sie eine Einladung zum Vorstellungsgespräch erhalten.
5. Wir suchen eine Wohnung mit Terrasse oder Balkon, ________ wir gern draußen sitzen.
6. Sie sind mit der neuen Wohnung sehr zufrieden, ________ sie ziemlich klein ist.
7. ________ der hohen Miete jobbt sie neben dem Beruf.
8. ________ seiner zwei Jobs verdient er nicht genug Geld, um die Familie ernähren zu können.
9. Am Wochenende haben wir kaum Zeit, ________ wir gerade die Wohnung renovieren.
10. Meine Eltern leben ________ ihres Alters noch im eigenen Haus.

☺ ○ 😐 ○ ☹ ○

T2 Entweder jetzt oder nie

Bilden Sie Sätze mit zweiteiligen Konjunktionen. Achten Sie auf die Kommas.

1. entweder ... oder: du – den Arbeitsvertrag kündigen / weiter wie bisher machen:
   Entweder du kündigst den Arbeitsvertrag oder du machst weiter wie bisher.
2. je ..., desto: man – gut vernetzt sein – schnell Unterstützung finden:
   ____
3. nicht nur ..., sondern auch: wir – eine große Familie haben / viele Bekannte:
   ____

4. zwar …, aber: ich – einen sicheren Arbeitsplatz haben / auch viel Stress:

____

5. je …, umso: du – viel lernen / wenig Zeit für anderes haben:

____

6. entweder … oder: Sie – können – den Kurs bar zahlen / per Lastschrift:

____

7. zwar …, aber: wir – die Probleme immer wieder ansprechen / unser Chef – sich nicht dafür interessieren: _______________

____

8. nicht nur …, sondern auch: ihr – flexible Arbeitszeiten haben / können – im Homeoffice von zu Hause aus arbeiten: _______________

____

☺ ○ 😐 ○ ☹ ○

T3 Meine beste Freundin

Ergänzen Sie das passende Wort in der richtigen Form.

aber • ~~best-~~ • daran • darüber • Du • echt • falls • entwickeln • nach • nächst- • Pole • Ratgeberin • tatsächlich • Treppenhaus • verzichten • von • wer • zwar

Meine (1) *beste* Freundin? – (2) ______ es sie gibt, ist es meine Nachbarin. Sie ist (3) ______ zehn Jahre älter als ich, (4) ______ das spielt überhaupt keine Rolle. Ich muss oft (5) ______ denken, wie ich sie im (6) ______ kennengelernt habe. Sie hat mir direkt das (7) ______ angeboten und mich eingeladen. Zwischen uns hat sich eine (8) ______ Freundschaft (9) ______. Sie ist eine super (10) ______, (11) ______ der man lernen kann. Auf die Gespräche mit ihr möchte ich nicht mehr (12) ______. (13) ______ Monat heiratet sie Piotr, einen sehr netten (14) ______. Ich werde (15) ______ Trauzeugin! (16) ______ freue ich mich wirklich sehr.

An (17) ______ denken Sie, wenn Sie (18) ______ der besten Freundin oder dem besten Freund gefragt werden?

☺ ○ 😐 ○ ☹ ○

E Internet und Konsum

E1 Am Rechner Temporale Konjunktionen *während, bevor, nachdem*

GR Ergänzen Sie die passende Konjunktion *während, bevor* oder *nachdem*.

1. Nachdem wir eine eigene Webseite erstellt haben, bekommen wir mehr Aufträge.
2. Ich hole noch schnell einen Kaffee, ____________ der Rechner hochfährt.
3. ________ wir mit der Arbeit beginnen, checken wir zuerst unsere E-Mails.
4. ________________ er alle E-Mails gelesen hat, beantwortet er die wichtigsten.
5. Das Programm öffnet sich, ____________ man das Passwort eingegeben hat.
6. ________ man das Programm starten kann, muss die Software richtig installiert sein.
7. ____________ die Software aktualisiert wird, können Fehler auftreten.
8. Du solltest den Inhalt überprüfen, ________ du Dateien löschst.

Aufgepasst!

Mit den temporalen Konjunktionen *während, bevor* und *nachdem* drückt man Gleichzeitigkeit, Nachzeitigkeit und Vorzeitigkeit aus. Sie leiten Nebensätze ein, d. h. das Verb steht am Ende. Vor oder nach dem Nebensatz steht ein Komma.

***Während** er **joggt,** hört er Musik. = Er joggt und hört dabei Musik.*

*Sie zieht sich um, **bevor** sie aus dem Haus **geht**. = Sie zieht sich um und geht danach aus dem Haus.*

In *nachdem*-Sätzen steht das Verb im Perfekt, wenn der Hauptsatz im Präsens/Futur steht, oder im Plusquamperfekt, wenn der Hauptsatz im Präteritum/Perfekt steht:

*Er **duscht*** (Präsens)***, nachdem** er Sport **gemacht hat*** (Perfekt).

Nachdem** sie sich **umgezogen hatte (Plusquamperfekt)***, ging*** (Präteritum) *sie aus dem Haus.*

Das Plusquamperfekt bildet man mit *hatte/war* + Partizip Perfekt:

hat gemacht/ist gegangen (Perfekt) → *hatte gemacht/war gegangen* (Plusquamperfekt)

die Datei (-en), das Passwort (¨-er), der Rechner (-), die Webseite (-n)
checken, erstellen, installieren, löschen
den Computer/Rechner hochfahren/einschalten ↔ herunterfahren/ausschalten, E-Mails checken

E2 Rund um Computer und Smartphone

WS Schreiben Sie die Wörter richtig.

- ● Der neue Drucker muss noch an den Computer (senschlosgean) (1) *angeschlossen* werden. (lichEhr sagtge) (2) ______________________, weiß ich nicht, wie das geht. Ich kenne mich doch mit Computern nicht so gut aus.
- ■ Das kannst du mich (enmach senlas) (3) ______________________. Wir brauchen nur das richtige (belKa) (4) ________, um die (teräGe) (5) __________ zu verbinden.
- ○ Ich suche eine kostenlose (pAp-buchterWör) (6) ______________________ für den Urlaub. Hättest du vielleicht (neeinendirg piTp) (7) ______________________ ________ für mich?
- □ Leider kann ich dir gar nichts raten. Ich würde mir ein oder zwei (spAp) (8) ________ (denlaterrunhe) (9) ____________________ und dann selbst (tentes) (10) ________.
- ● Wie wäre es, wenn du deine Fotos auf der (teplatFest) (11) ________________ (rstchespei) (12) ________________ und nach Datum und Thema (nestord) (13) ____________?
- ■ Das habe ich schon (gstlän) (14) __________ gemacht! Für jedes Jahr habe ich einen (nerOrd) (15) __________ mit mehreren (nernordterUn) (16) ____________________ angelegt.

E3 Hardware und Software

WS Was passt nicht? Streichen Sie.

1. Hardware: ~~Datei~~ – Festplatte – Maus – Monitor – Tastatur
2. Software: App – Betriebssystem – Grafikkarte – Programm – Virus
3. Dateien: anklicken – hochladen – speichern – umbenennen – verbrennen
4. Smartphone: Akku – Bildschirm – Flugmodus – Netz – Sendung

der Akku (-s), die Festplatte (-n), der Monitor (-e), das Netz (-e), der Ordner (-), die Tastatur (-en), der Virus (-ren) ■ anschließen, beschließen, herunterladen-lädt herunter-lud herunter-hat heruntergeladen, verbinden-verbindet-verband-hat verbunden, verbrennen-verbrennt-verbrannte-hat verbrannt ■ längst

E4 Das ist doch klar!

WS Wie heißen die Wörter? Ergänzen Sie die fehlenden Vokale.

1. Wenn der A_u_fz_u_g stehen bleibt, müssen Sie den r_o_t_e_n A_l_a_rmkn_o_pf dr_ü_ck_e_n.
2. V__l_ Symb_l_ sind _nt_rn_t__n_l und werden v_n j_d_m v_rst_nd_n.
3. _nl_n_-Sp__l_ können s_cht_g m_ch_n.
4. Die d_g_t_l_n M_d__n haben _ns_r_n _llt_g v_r_nd_rt.
5. M_nch_r J_g_ndl_ch_ flieht in v_rt__ll_ W_lt_n.
6. M_n kann d_sk_t__r_n, _b das _nt_rn_t mehr V_rt__l_ oder mehr N_cht__l_ hat.
7. Mit b_st_mmt_n Pr_gr_mm_n kann man sich v_r C_mp_t_rv_r_n sch_tz_n.

der Knopf (¨-e), der Nachteil (-e), das Symbol (-e)
diskutieren, fliehen-flieht-floh-ist geflohen, verändern ■ digital, süchtig, virtuell

E5 Am Fahrkartenautomaten

WS Was gehört zusammen? Verbinden Sie die Sätze.

1. Herzlich willkommen beim
2. Berühren Sie den Bildschirm und
3. Sie können auch direkt
4. Tippen Sie auf „Bezahlen“ oder
5. Der Automat zeigt den
6. Sie können mit Münzen,
7. Entnehmen Sie Ihr Rückgeld und

a) Scheinen oder Karte bezahlen.
b) Münchner Verkehrs- und Tarifverbund (MVV)!
c) ändern Sie die gewählte Fahrkarte.
d) eine Fahrkarte auswählen.
e) warten Sie auf Ihr Ticket.
f) wählen Sie Ihr Fahrtziel.
g) genauen Fahrpreis an.

1	2	3	4	5	6	7
b						

E6 Irgendwo Verbindungen mit *irgend-*

GR+WS Ergänzen Sie.

irgendein • irgendeine • irgendeinem • irgendetwas • ~~irgendjemand~~ • irgendwann • irgendwelche • irgendwen • irgendwer • irgendwie • irgendwo • irgendwoher

1. *Irgendjemand* war an meinem Rechner und hat meine E-Mails gelesen.
2. ______________ muss doch mein Handy sein!

3. Es gab ______________ Problem mit der neuen Software.
4. Möchtest du ______________ einmal heiraten?
5. Die Situation ist schwierig, aber ______________ muss es weitergehen.
6. Gibt es hier ______________ zu essen oder zu trinken?
7. Aus ______________ Grund kommt er immer zu spät.
8. Kennen wir uns ______________?
9. Ich habe den Eindruck, dass ______________ Informationen fehlen.
10. Habt ihr auf dem Foto ______________ erkannt?
11. Egal, welche Entscheidung man trifft, ______________ ist immer enttäuscht.
12. Hast du ______________ Ahnung, was in dem Text steht?

Aufgepasst!
Irgend- hat die Bedeutung „nicht näher bestimmt, unbestimmt" und kann sich mit verschiedenen Wörtern bzw. Wortarten verbinden:
irgendein *Auto,* ***irgendeine*** *Tasche,* ***irgendein*** *Haus,* ***irgendwelche*** *Zeitungen* (Artikelwort)*: Gibt es noch irgendwelche Fragen?*
irgendwann/irgendwo/irgendwie usw. (Adverb)*: Er kommt irgendwann.*
irgendwer/irgendjemand/irgendetwas (Pronomen)*: Hat sie irgendetwas gesagt?*

E7 Als ob das wichtig wäre! Vergleichende Konjunktion *als (ob)*

GR Bilden Sie Vergleichssätze mit *als (ob)*. Achten Sie auf die Satzzeichen und die richtige Konjunktivform.

Du tust so Er tut immer so Sie sieht so aus Wir fühlen uns so Es sieht so aus Es scheint so Es kommt mir so vor Tu nicht so Warum tut ihr so	als ob als	ihn noch nie gesehen haben, nichts verstehen, sich nicht die Haare gekämmt haben, hier schon ewig wohnen, etwas vergessen haben, nichts gewesen sein, nicht schwimmen können, keine Angst haben, alles in Ordnung sein, alle zufrieden sein, ein Problem haben, das Leben so leicht sein
Du tust so,	*als ob*	*du ihn noch nie gesehen hättest.*
Er tut immer so,	*als*	*würde er nichts verstehen.*

Aufgepasst!

Mit der Konjunktion *als ob* leitet man einen irrealen Vergleichssatz ein. Das Verb steht im Konjunktiv II am Ende des Satzes. Vor *als ob* steht ein Komma.

*Er tut (so)**, als ob** er reich **wäre**. / Sie sieht (so) aus**, als ob** sie nicht **geschlafen hätte.***

*Es scheint/sieht (so) aus**, als ob** es bald **regnen würde**.*

Statt *als ob* kann gleichbedeutend *als* stehen. Dann rückt das Verb an Position 1:

*Er tut so**, als wäre** er reich.*

E8 Verbraucherschutz

WS Was passt zusammen? Bilden Sie aus jedem Wortteil zwei Komposita und ergänzen Sie die Artikel.

-beleg • -dieb • -projekt • ~~-schutz~~ •
Fach- • Pausen- • Warte-

1. *der* Sonnen-/Verbraucher*schutz*
2. _____ ________zimmer/_____ -schlange
3. _____ Entwicklungs-/ Forschungs________
4. _____ ________beratung/_____ -buch
5. _____ Handtaschen-/Laden________
6. _____ ___________brot/_____ -snack
7. _____ Kassen-/Steuer________

E9 Bar oder mit Karte? Zweiteilige Konjunktionen *sowohl … als auch* und *weder … noch*

GR Betonen Sie die kursiv gedruckten Satzteile: Verwenden Sie *sowohl … als auch* oder *weder … noch*.

1. Sie können *bar oder mit Karte* / *sowohl bar als auch mit Karte* zahlen.
2. Wir führen in unserem Geschäft *keine Bettwäsche und auch keine Handtücher* /
   ____.
3. Stimmt es, dass Sonderangebote *nicht zurückgegeben und auch nicht umgetauscht* /
   ____ werden können?
4. Bei Online-Bestellungen kann die Lieferung *nach Hause oder in die Filiale* /
   ____ erfolgen.

Aufgepasst!
Die zweiteiligen Konjunktionen *sowohl … als auch* und *weder … noch* verbinden Satzteile oder Sätze, die besonders hervorgehoben werden sollen. Es steht kein Komma.
*Er trinkt **sowohl** Tee **als auch** Kaffee. / Er trinkt **weder** Tee **noch** Kaffee.*
*Er hat **sowohl** gekocht **als auch** die Küche aufgeräumt. /*
*Er hat **weder** gekocht **noch** (hat er) die Küche aufgeräumt.*

der Beleg (-e), der Dieb (-e), die Entwicklung (-en), die Forschung (-en), die Handtasche (-n), das Handtuch (¨-er), die Lieferung (-en), das Projekt (-e), die Schlange (-n), der Snack (-s), der Verbraucher (-)

E

E10 Alles, was er will Relativpronomen *was* und *wo*

GR Ergänzen Sie das Relativpronomen *was* oder *wo* und unterstreichen Sie das Bezugswort.

1. Er bekommt von seinen Eltern immer alles, _was_ er will.
2. Ich kaufe nichts, _______ ich nicht wirklich brauche.
3. Er liebt Orte, _______ ihn niemand kennt und _______ er seine Ruhe hat.
4. Gibt es etwas, _______ Sie nicht verstehen oder _______ unklar ist?
5. Da, _______ wir immer Urlaub machen, gibt es nur wenige Touristen.
6. Sie fühlt sich überall wohl, _______ sie Familie oder Freunde hat.
7. Nicht alles, _______ du gesagt hast, ist richtig, aber ich verstehe, _______ du meinst.
8. Wir leben in Stuttgart, _______ die Mieten sehr hoch sind.

Aufgepasst!
Das Relativpronomen *was* bezieht sich auf Pronomen wie *das/etwas/alles/nichts/vieles*, das Relativpronomen *wo* auf Ortsangaben. Vor dem Relativpronomen steht ein Komma.
*Er hat nichts von **dem** vergessen, **was*** (Nominativ) *passiert ist.*
*Das ist **alles, was*** (Akkusativ) *ich weiß.*
***Da, wo** es schön ist, bleiben wir. / Die **Stadt, wo** (= in der) ich wohne, kennt niemand.*
Manchmal kann das Bezugswort auch fehlen:
*Er hat vergessen, **was** passiert ist. / **Wo** es schön ist, bleiben wir.*

E11 Enttäuschungen und Missgeschicke

WS Schreiben Sie die Sätze richtig. Achten Sie auf die Satzzeichen.

Alina: NichtimmerhältWerbungwassieversprichtIchhattebeschlosseneineelektrische ZahnbürstezukaufenDieWerbunghatmichangesprochenunddieTestergebnisse warensuperNachdreiMonatenbekamichProblememitdemZahnfleischDerZahnarzt hatmirdanngeratenwiederwiefrüherzuputzenWahnsinnSovielGeldfürnichtsIchwar nurnochenttäuschtundverärgert _Nicht immer hält Werbung, was sie verspricht._

____

____

E

Nils: SollicheucherzählenwasmeinerFreundinletzteWochepassiertistEsistkaumzuglauben

SiehattesicheineneueSonnenbrillegekauftEswareinDesignermodelldasmeiner

MeinungnachvielzuteuerwarAlssieunterwegsaufihrHandyschauteistihrdieBrillevon

derNasegerutschtunddirektindenGullyvorihrgefallenWegwarsieWirklichblödgelaufen

Lilly: IchkennesolcheDingePeinlicheMissgeschickepassierenmirirgendwieständig

HinterherlacheichdarüberundvergessesieganzschnellDeswegenerzähleichjetzt

nichtssondernschweigelieber

die Enttäuschung (-en), das Missgeschick (-e), die Werbung
enttäuschen, schweigen-schweigt-schwieg-hat geschwiegen ■ hinterher

E

E12 **Bellende Hunde** Partizip Präsens als Adjektiv

GR Ergänzen Sie das passende Partizip Präsens mit der richtigen Endung sowie den Infinitiv.

behandelnd • ~~bellend~~ • brennend • funktionierend • kühlend • lernend • rennend • schmerzend • schreiend • springend • streitend • wachsend

1. *Bellende* Hunde beißen nicht. → *bellen*
2. Pass auf die ______ Kerze auf. → ______
3. Wir sind ein gut ______ und erfolgreiches Team. → ______
4. ______ Kollegen belasten die Teamarbeit. → ______
5. Wir stellen ein ______ Interesse an Fortbildungen fest. → ______
6. Auf dem Schulhof sieht man ______ und ______ Kinder. → ______, ______
7. In der Bibliothek sitzen ______ Studenten. → ______
8. Für Ihr ______ Knie können Sie eine ______ Salbe verwenden. → ______, ______
9. Wir warten auf den ______ Arzt. → ______
10. Das ist der ______ Punkt, das ist entscheidend. → ______

Aufgepasst!
Das Partizip Präsens der Verben bildet man aus dem Infinitiv und der Endung *-d*.
Es drückt aus, dass etwas gerade geschieht oder andauert.
*lachen → lache**nd**, flüstern → flüster**nd**, handeln → handel**nd***
Vor einem Nomen wird das Partizip Präsens wie ein Adjektiv dekliniert:
*viele lachend**e** Kinder, ein weinend**es** Kind, ein bellend**er** Hund*
Einige Partizipien sind zu festen Adjektiven mit festen Bedeutungen geworden und stehen im Wörterbuch: *anstrengend, aufregend, passend, spannend, wütend* usw.

behandeln, brennen-brennt-brannte-hat gebrannt, feststellen, rennen-rennt-rannte-ist gerannt, schreien-schreit-schrie-hat geschrien, springen-springt-sprang-ist gesprungen, streiten-streitet-stritt-hat gestritten, wachsen-wächst-wuchs-ist gewachsen

E13 Verletzend oder verletzt? Partizip Präsens als Adjektiv

GR Partizip Präsens oder Partizip Perfekt? Kreuzen Sie das richtige Partizip an.

1. Siehst du das ○ verletzende ⊗ verletzte Kind am Straßenrand?
2. Vielen Dank für Ihre ○ beruhigenden ○ beruhigten Worte.
3. Sie ist eine an allem ○ interessierende ○ interessierte Person.
4. Ist das ein ○ sprechender ○ gesprochener Papagei?
5. ○ Schlafende ○ geschlafene Hunde weckt man nicht.
6. Er liebt hart ○ kochende ○ gekochte Eier.

E14 Beschwerden

WS Wie kann man noch sagen? Ordnen Sie zu.

1. Es darf eigentlich nicht passieren, dass viel zu spät geliefert wird, und auch noch falsche Ware.
2. Das Hauptproblem war, dass ich trotz Termin viel zu lange im Wartezimmer sitzen musste.
3. Leider mussten wir feststellen, dass das Hotelzimmer, anders als erwartet, klein und dunkel war.
4. Wir waren sehr enttäuscht darüber, dass sich vor Ort niemand um unsere Probleme gekümmert hat.
5. Ich erwarte eine Entschuldigung für den schlechten Service.

a) Wir waren unzufrieden darüber, dass unser Hotelzimmer weder besonders groß noch hell war.
b) Bei den Schwierigkeiten vor Ort hat uns niemand geholfen. Das war sehr ärgerlich.
c) Ich denke, dass man sich für den schlechten Service entschuldigen sollte.
d) Obwohl ich einen Termin hatte, musste ich ewig warten. Das war nicht in Ordnung.
e) Die Lieferung war zu spät und fehlerhaft: Das geht gar nicht.

1	2	3	4	5
e				

Teste dich!

T1 Was man tun kann oder nicht

Ersetzen Sie die kursiv gedruckten Satzteile durch Nebensätze mit *bevor, während* oder *nachdem*. Achten Sie auf die richtige Verbform und die Kommas.

1. *Beim Essen* / Während man isst, spricht man nicht.
2. *Vor dem Essen* / ____________ sollte man sich die Hände waschen.
3. *Nach dem Essen* / ____________ trinke ich gern einen Espresso.
4. *Nach dem Abitur* / ____________ wollte sie unbedingt Jura studieren.
5. *Neben dem Studium* / ____________ hat er als Kellner gejobbt.
6. *Kurz vor der Hochzeit* / ____________ sind Manuel und Lisa in eine gemeinsame Wohnung gezogen.
7. Sie hört gern Nachrichten oder singt *unter der Dusche* / ____________
8. Die Kinder sollen *bei den Hausaufgaben* / ____________ nicht gestört werden.
9. *Vor dem Spielen* / ____________ müssen die Kinder die Hausaufgaben gemacht haben.
10. *Nach kurzer Überlegung* / ____________ nahm sie das Angebot an.

☺ ○ 😐 ○ ☹ ○

T2 Wie ein Fisch

Bilden Sie Vergleichssätze mit *als ob* und *als*. Achten Sie auf das Komma und die richtige Konjunktivform.

1. schwimmen – sie – ein Fisch sein: Sie schwimmt (so), als ob sie ein Fisch wäre / als wäre sie ein Fisch.
2. schwitzen – er – einen Marathon gelaufen sein: ____________

3. klingen – du – krank sein: ______________________________

____

4. aussehen – ihr – lange nichts gegessen haben: ______________________________

____

5. sich benehmen – er – niemanden kennen: ______________________________

____

6. auf mich wirken – sie (Pl.) – Drogen genommen haben: ______________________________

____

7. lachen – du – das Ganze ein Witz gewesen sein: ______________________________

____

☺ ○ 😐 ○ ☹ ○

T3 Unsere Zukunft

Ergänzen Sie das passende Wort in der richtigen Form.

als (2x) • bevor • entscheiden • etwas • fliegen • handeln • irgendwie • noch • recht • scheinen • selbst • tun • verantwortlich • verändern • vor • was (2x) • weder • Wirklichkeit • wo • ~~Zukunft~~

Su2050: Also, ob unsere Welt eine (1) *Zukunft* hat, (2) __________ wir selbst. Ich finde, dass die Leute (3) __________ verrückt sind! Da, (4) _____ es ihnen leichtfällt, sind sie dabei. Aber in (5) __________ folgt jeder nur seinen eigenen Interessen. Wer (6) __________ Auto fährt (7) __________ fliegt, schimpft auf Autofahrer und auf Leute, die viel (8) __________. Man (9) _____ so, (10) _____ wären es immer die anderen, die (11) __________ sind. (12) _____ ich sagen will, ist, dass wir bei uns (13) __________ anfangen müssen, wenn wir etwas (14) __________ wollen. Am besten sofort, (15) __________ es zu spät ist!

nofuture: Es (16) __________ tatsächlich so, (17) _____ wäre es fünf (18) _____ zwölf. Su2050 hat (19) __________. Wir reden, aber wir (20) __________ nicht. Es gibt immer (21) __________, (22) _____ wir tun können – jeder Einzelne von uns!

☺ ○ 😐 ○ ☹ ○

F Regeln und Soziales

F1 Auf der Straße Kausale Konjunktion *da*

GR **Verbinden Sie die Sätze mit *da*. Achten Sie auf die richtige Verbstellung.**

1. Er hatte falsch geparkt. Er bekam einen Strafzettel.

   Da er falsch geparkt hatte, bekam er einen Strafzettel.

2. Sie hatte es sehr eilig. Sie wollte bei Rot die Straße überqueren.

   ____

3. Diese Straße ist eine Spielstraße. Man darf hier nur Schritttempo fahren.

   ____

4. Es hat die ganze Nacht geschneit. Es kann auf den Straßen glatt werden.

   ____

5. Ein Baum war auf die Straße gestürzt. Die Feuerwehr musste gerufen werden.

   ____

6. Er hatte zu viel Bier getrunken. Er ist nicht mehr selbst Auto gefahren.

   ____

Aufgepasst!
Mit der kausalen Konjunktion *da* werden Nebensätze eingeleitet, die vor oder nach dem Hauptsatz stehen können. Mit *da* gibt man einen Grund an. Anstelle von *da* kann auch *weil* stehen. Das Verb steht am Ende. Vor oder nach dem Nebensatz steht ein Komma.
***Da** es **regnet,** bleiben wir heute zu Hause. / Wir bleiben heute zu Hause**, da** es **regnet**.*

F2 Geschwindigkeitsbeschränkung

WS Was passt zusammen? Bilden Sie aus jedem Wortteil zwei Komposita und ergänzen Sie die Artikel.

~~-beschränkung~~ • -geld • -verbot • -wagen •
Fahrzeug- • Haupt- • Unfall-

1. *die* Alters-/ Geschwindigkeits*beschränkung*
2. _____ ________bahnhof/_____ -stadt
3. _____ Speise-/Schlaf________
4. _____ ________flucht/_____ -schaden
5. _____ Park-/Überhol________
6. _____ ________brief/_____ -halter
7. _____ Buß-/Schmerzens________

F3 Entschuldigungen von Autofahrern

WS Was gehört zusammen? Verbinden Sie.

1. Es ist mir wirklich peinlich, dass ich nicht am Zebrastreifen angehalten habe.
2. Ich wollte nur schnell den Brief einwerfen. Ich fahre sofort weiter.
3. Sie haben recht. Ich muss das Rücklicht reparieren lassen.
4. Ich weiß ja, dass Handys am Steuer verboten sind.
5. Leider hat der Termin länger gedauert als geplant.

a) Ich hatte keine Ahnung, dass es nicht funktioniert.
b) Ich habe die Kinder zu spät gesehen.
c) Es war nicht meine Absicht, jemanden zu behindern.
d) Ich kann nichts dafür, dass die Parkzeit abgelaufen ist.
e) Tut mir leid! Es wird nicht wieder vorkommen.

1	2	3	4	5
b				

das Fahrzeug (-e), die Feuerwehr (-en), die Flucht (-en), die Geschwindigkeits-beschränkung (-en), der Hauptbahnhof (¨-e), der Speisewagen (-)
behindern, überqueren, sich verspäten, vorkommen ■ eilig, glatt ■ es eilig haben

F4 Wir werden heiraten. Futur I

GR Ergänzen Sie das passende Verb im Futur.

aufhören • behaupten • bemühen • enttäuschen • erzählen • haben • ~~heiraten~~ • machen • müssen • sagen • versuchen • weigern

1. Die beiden *werden* wahrscheinlich *heiraten*.
2. Du ________ uns hoffentlich nie wieder Lügen ________!
3. Ich verspreche euch, dass ich ab jetzt immer die Wahrheit ________.
4. Er ________, ab nächstem Jahr weniger zu arbeiten.
5. Wir ________ uns ________, nicht mehr so oft wegen Kleinigkeiten zu streiten.
6. Ich befürchte, dass sie nie endgültig mit dem Rauchen ________.
7. Ihr ________ ab sofort nur noch das ________, was ich sage!
8. Sie *(Sg.)* ________, dass alles ein Missverständnis war.
9. Da er sich im Recht fühlt, ________ er sich ________, sich zu entschuldigen.
10. Die Kinder ________ sicher Hunger ________, wenn sie von der Schule kommen.
11. Sie können sich auf uns verlassen. Wir ________ Ihr Vertrauen nicht ________.
12. Sie ________ etwas Geduld haben ________.

Aufgepasst!

Das Futur I bildet man mit *werden* + Infinitiv:

*Ich **werde** dir **helfen**. Du **wirst** mir **helfen**. Er **wird** uns **helfen**.* usw.

Mit dem Futur kann man

– eine Prognose für die Zukunft machen: *Die Mieten **werden** nicht mehr **steigen**.*

– sagen, was man plant, oder etwas versprechen:

*Wir **werden** nächstes Jahr ins Ausland **gehen**. / Ich **werde** nie wieder **rauchen**.*

– sagen, was man vermutet: *Die beiden **werden** wahrscheinlich **heiraten**.*

– jemandem befehlen, etwas zu tun: *Ihr **werdet** euch sofort **entschuldigen**!*

die Geduld, die Lüge (-n), das Missverständnis (-se), das Vertrauen
behaupten, (sich) bemühen, enttäuschen, sich weigern ■ endgültig

F5 Meine Vorsätze für das neue Jahr

WS Schreiben Sie die Sätze richtig. Achten Sie auf die Satzzeichen.

Chris: IchhabeimmervielzuvieleVorsätzeMeistenswirdnichtsdarausAberdiesesJahrhabe ichmirnureineeinzigeSachevorgenommenIchwerdemichfürdenUmweltschutz engagierenDasfindeichsinnvoll *Ich habe immer viel zu viele Vorsätze.* ______

Amira: IchhabefrüherFlötegespieltundwerdewiederUnterrichtsstundennehmenVielleicht werdeichauchnocheinneuesInstrumentlernenIchbinneugierigwasmeinManndazu sagenwirdHoffentlichunterstütztermeinePläne ______

Luke: OftistessodassmansichselbstkeinerealistischenZielesetztoderseineZielesofort wiederfallenlässtDeswegendarfsichmeinSohnetwasvonmirwünschenDiesesJahr wollteerdassichihmöftervorleseAlsowerdeichnunöftervorlesen ______

Carmen: IchfindeesnichtnotwendigsichjedesJahrirgendetwasvorzunehmenwasdann sowiesonichtklapptIchfindeesbesserjedenTagzuplanenwasmanmachenmöchteDas motiviertvielmehr ______

die Flöte (-n), das Instrument (-e) ■ unterstützen, vorlesen, (sich) vornehmen
neugierig, realistisch, sinnvoll

F6 Bürgerinitiative

WS Was ist gemeint? Schreiben Sie die Wörter richtig.

1. Zusammen mit anderen möchte man ein gemeinsames Ziel erreichen. Man engagiert sich in der Gruppe für oder gegen ein Projekt:
   die (vetitiainigerBür) *Bürgerinitiative*
2. Nachbarn helfen Nachbarn. Die Hilfe ist kostenlos oder fast kostenlos. Jeder in der Nachbarschaft kann mitmachen:
   die (fehilschaftsbarNach) ______________________
3. Ältere Menschen können dort betreut und gepflegt werden, wenn sie allein sind oder sich nicht mehr versorgen können: das (eimhtenAl) ______________
4. Wenn Menschen aus anderen Ländern und Kulturen einen Platz in der Gesellschaft eines fremden Landes bekommen und akzeptiert werden:
   die (ontigrateln) ______________

F7 Außer Kontrolle Modale Präposition *außer*

GR *Außer* oder *ohne*? Kreuzen Sie den passenden Präpositionalausdruck an.

1. Alle ⊗ außer ihm ○ ohne ihn spielen im Verein Handball.
2. Was soll die Mannschaft zukünftig ○ außer dir ○ ohne dich tun?
3. ○ Außer meinem Bruder ○ Ohne meinen Bruder hätten sie das Spiel nicht gewonnen.
4. ○ Außer meiner Freundin ○ Ohne meine Freundin hat jeder das Spiel gesehen.
5. Gegen Ende geriet das Spiel ○ außer Kontrolle ○ ohne Kontrolle.
6. Ein vernünftiges Training ist ○ außer dem Trainer ○ ohne Trainer kaum möglich.

Aufgepasst!
Die modale Präposition *außer* steht mit Dativ und bedeutet „mit Ausnahme von“:
Alle ***außer mir*** *haben einen Führerschein. /* ***Außer mir*** *haben alle einen Führerschein.*
In festen Verbindungen kann *außer* weitere Bedeutungen haben:
Die Maschine ist ***außer Betrieb****. / Der Chef befindet sich* ***außer Haus****.*

F8 Engagement Modale Konjunktionen *ohne dass* und *ohne zu*

GR Ergänzen Sie den Satz mit *ohne zu* + Infinitiv oder, wenn nötig, mit *ohne dass*. Achten Sie auf die Satzzeichen.

1. Er denkt dabei nicht an sich: Er hilft, wo er kann, *ohne dabei an sich zu denken.*
2. Sie zögerte nicht: ______________________ ist sie in den Verein eingetreten.
3. Ihr Mann weiß nichts davon: Sie spendet viel Geld an gemeinnützige Organisationen

   ____
4. Es gab keine Schwierigkeiten: Sie haben einen eigenen Verein gegründet ________

   ____
5. Man will nicht übertreiben: ______________________________

   kann man sagen, dass Freiwilligenarbeit entscheidend für die berufliche Karriere sein kann.

Aufgepasst!
Als modale Konjunktion wird *ohne* mit *zu* + Infinitiv oder mit *dass* + Nebensatz verwendet:
*Sie hat den Vertrag unterschrieben, **ohne** ihn vorher **zu lesen**.*
*Sie hat den Vertrag unterschrieben, **ohne dass** sie ihn vorher **gelesen hat**.*
Bei unterschiedlichen Subjekten muss ein *dass*-Satz folgen:
*Sie hat den Vertrag unterschrieben, **ohne dass** ihr Mann davon **wusste**.*

F9 Egoistisch

WS Was passt nicht? Streichen Sie.

1. ~~aufgeben~~ – planen – vorhaben – sich vornehmen – wollen
2. beleidigen – betreuen – sich einsetzen für – pflegen – unterstützen
3. furchtbar – illegal – schrecklich – unangenehm – unerträglich
4. egoistisch – gewissenlos – kalt – tolerant – unsozial

das Altenheim (-e), die Ausnahme (-n), die Bürgerinitiative (-n), die Gesellschaft (-en), das Gewissen (-), die Organisation (-en), die Schwierigkeit (-en)
aufgeben, beleidigen, (sich) einsetzen für *(Akk.)*, eintreten-tritt ein-trat ein-ist eingetreten in *(Akk.)*, versorgen ■ egoistisch, illegal, tolerant, vernünftig, zukünftig

F

F10 Wie denn? Modale Konjunktion *indem*

GR Bilden Sie Sätze mit *indem*. Achten Sie auf die Kommas.

Man kümmert sich um Jugendliche Die Lehrerin motiviert die Kinder Man lernt Leute kennen Wir pflegen den Kontakt zu den Nachbarn	indem	sie sinnvoll beschäftigen, ihre Leistungen loben, ihnen zuhören, oft miteinander sprechen, ihre Ideen unterstützen, Sprachkurse besuchen, gemeinsam Feste feiern, auf Partys und in Clubs gehen
Man kümmert sich um Jugendliche,	*indem*	*man sie sinnvoll beschäftigt.*

Aufgepasst!
Mit der modalen Konjunktion *indem* leitet man Nebensätze ein, die erklären, wie etwas geschieht oder wie man etwas macht. Das Verb steht am Ende. Vor oder nach dem Nebensatz steht ein Komma:
*Ich spare**, indem** ich nicht so oft essen **gehe**. / **Indem** man Sport **treibt,** hält man sich fit.*

F11 Mehrgenerationenhaus

WS Wie heißen die Wörter? Ergänzen Sie die fehlenden Vokale.

1. M*e*hrg*e*n*e*r*a*t*i**o*n*e*nh*ä**u*s*e*r sind Orte der B*e*g*e*gn*u*ng.
2. Sie stehen __lt__n und j__ng__n L___t__n offen, aber auch M__nsch__n aus __nt__rsch___dl__ch__n H__rk__nftsl__nd__rn und K__lt__r__n. __ll__ sind w__llk__mm__n.

3. Es gibt g_m__ns_m_ _ktiv_t_t_n und man _nt_rst_tzt s_ch gegens__t_g.
4. W__t_r_ _ng_b_t_ sind abhängig vom fr__w_ll_g_n _ng_g_m_nt der Mi_b_w_hn_r.

die Generation (-en), das Herkunftsland (¨-er) ■ loben ■ abhängig von *(Dat.)*

F12 Hilfe!

WS Wie kann man noch sagen? Ordnen Sie zu.

1. Bin ich hier bei Ihnen richtig? Ich benötige ein paar Informationen zu städtischen Hilfsprojekten.
2. Ich würde mich gern selbstständig machen und weiß nicht genau, was zu tun ist. Können Sie mir vielleicht weiterhelfen?
3. Keine Angst! Gemeinsam und mit etwas Geduld werden wir Ihr Problem sicher lösen können.
4. Ich bin in einer schlechten finanziellen Situation und möchte mich gern beraten lassen.
5. Es gibt sicher Möglichkeiten, Ihre Situation zu verbessern. Ich kann Ihnen gern ein paar Vorschläge machen.

a) Wir unterstützen Sie gern bei der Lösung Ihres Problems. Keine Sorge!

b) Gern erkläre ich Ihnen, welche Möglichkeiten Sie haben, wenn Sie etwas an Ihrer Situation ändern möchten. Es gibt immer Wege.

c) Mir geht es finanziell nicht besonders gut. Ich brauche dringend einen Rat.

d) Ich möchte Genaueres über soziale Projekte der Stadt erfahren. An wen kann ich mich da wenden?

e) Ich möchte unabhängig und von zu Hause aus arbeiten. Können Sie mir Tipps geben, wie ich da vorgehen muss?

1	2	3	4	5
d				

F

F13 Schwimmen ist gesund! Temporale Konjunktionen *bis* und *seit/seitdem*

GR Ergänzen Sie *bis* oder *seit/seitdem* und die fehlenden Nomen oder Verben.

Anzahl • beweisen • Fortschritte • ~~Rückenprobleme~~ • stoßen • trainiere

1. *Seit/Seitdem* ich regelmäßig schwimme, habe ich keine *Rückenprobleme* mehr.
2. ______________ der Verein vor zwanzig Jahren gegründet wurde, wächst die ____________________ seiner Mitglieder.
3. ______________ er in die Leistungsgruppe aufgenommen wird, muss er ____________________, dass er sich verbessert hat.
4. ______________ sie den Trainer gewechselt hat, macht sie große __________________.
5. Es wird noch lange dauern, ____________ wir an unsere Leistungsgrenzen ____________.
6. Ich ____________________ im Verein, ______________ ich denken kann.

Aufgepasst!
Mit den temporalen Konjunktionen *bis* und *seit/seitdem* leitet man Nebensätze ein, die das Ende bzw. den Anfang eines Zeitabschnitts benennen. Das Verb steht am Ende. Vor oder nach dem Nebensatz steht ein Komma.
*Wir müssen warten, **bis** der Bus **kommt**. / **Seit/Seitdem** er Arbeit **hat,** geht es aufwärts.*
Die Präpositionen *bis* (+ Akk.) und *seit* (+ Dat.) haben die gleiche Bedeutung wie die Konjunktionen:
*Der Chef ist **bis nächsten Montag** nicht da. / **Seit einer Woche** sind Ferien.*

die Anzahl, der Fortschritt (-e), die Grenze (-n)
beweisen-beweist-bewies-hat bewiesen, stoßen-stößt-stieß-ist gestoßen an *(Akk.)*

F14 Meldungen

WS Ergänzen Sie das passende Verb.

angezeigt • betrügen • beschädigen • ~~gestohlen~~ •
schlagen • tritt • verletzt • zerstört

1. Diebstahl am Flughafen: Schmuck aus Koffer *gestohlen*
2. Bei Verkehrskontrolle: Radfahrer __________ Polizisten in den Bauch.
3. Nach Party: Jugendliche __________________ Autos.
4. Vertrauen _____________: Vater ohrfeigt Lehrer seines Sohnes.
5. Mobbing: Schüler ______________ Mitschüler in der Pause.
6. Streit wegen Gartendreck: Nachbarn ____________________________
7. Enkeltrick: Viele Rentner lassen sich ____________________________.
8. Unfall im Zirkus: Mehrere Zuschauer ____________________________

der Dreck, der Zirkus (-se), der Zuschauer (-)
anzeigen, beschädigen, betrügen-betrügt-betrog-hat betrogen, fassen, schlagen-schlägt-schlug-hat geschlagen, stehlen-stiehlt-stahl-hat gestohlen, treten-tritt-trat-hat getreten, zerstören

F15 Freundschaft

WS Was bedeutet das Sprichwort? Kreuzen Sie die passende Erklärung an.

1. Geteilte Freude ist doppelte Freude: ☒ Sich gemeinsam zu freuen macht mehr Spaß als allein. ○ Freude kann man nicht teilen.
2. Mit ihr kann man Pferde stehlen: ○ Sie kennt sich gut mit Pferden aus. ○ Auf sie kannst du dich in jeder Situation verlassen.
3. Die beiden sind dicke Freunde: ○ Die beiden Freunde sind dick. ○ Die beiden verstehen sich sehr gut und machen alles zusammen.
4. Den Freund erkennt man in der Not: ○ Ein wahrer Freund hilft dir im Unglück. ○ In schlechten Zeiten hast du keinen Freund.

Teste dich!

T1 Heimweh

Kreuzen Sie die passende Konjunktion an.

1. Es ist schwierig, im Ausland zu leben, ⊗ ohne dass ○ seit man irgendwann Heimweh bekommt.
2. Man kann versuchen, die Menschen in der neuen Heimat besser zu verstehen, ○ indem ○ bis man viele neue Kontakte knüpft.
3. Es kann sehr lange dauern, ○ bis ○ seit man sich in einem fremden Land nicht mehr fremd fühlt.
4. ○ Indem ○ Da ich schon seit meiner Kindheit in Deutschland lebe, fühle ich mich hier mehr zu Hause als in der Heimat meiner Eltern.
5. Integration ist nicht möglich, ○ da ○ ohne dass man die Sprache des Landes lernt.
6. ○ Seit ○ Bis ich besser Deutsch spreche, habe ich viele Erfolgserlebnisse im Beruf.
7. ○ Da ○ Ohne dass wir sehr offen für neue Kulturen und Traditionen sind, fällt es uns nicht so schwer, in der Fremde Fuß zu fassen.
8. Einen Kulturschock kann man vielleicht vermeiden, ○ ohne dass ○ indem man sich gut über das fremde Land informiert.

☺ ○ 😐 ○ ☹ ○

T2 Es wird schon werden!

Bilden Sie Sätze im Futur. Verwenden Sie im Nebensatz Präsens.

1. ich – verstehen – wohl nie – die deutsche Grammatik:
   Die deutsche Grammatik werde ich wohl nie verstehen.
2. wir – tun – dafür – alles / dass – unsere Kinder – bekommen – eine gute Ausbildung:
   Wir werden alles dafür tun, dass unsere Kinder eine gute Ausbildung bekommen.
3. du – sein – ruhig – endlich – wann: ______________________________
4. sie *(Sg.)* – müssen – anstrengen – sich / wenn – sie – wollen – bestehen – die Prüfung: ______________________________

5. er – weiterhelfen – sicher – dir / wenn – es – sein – notwendig:

____

6. ihr – sehen – schon noch / was – können – passieren:

____

7. nichts – ändern – sich – wenn / es – geben – Problem – bald:

____

8. du – aufhören – jetzt endlich / ärgern – deine Schwester:

____

☺ ○ 😐 ○ ☹ ○

T3 „Wohnen für Hilfe“

Ergänzen Sie das passende Wort in der richtigen Form.

älter • anrufen • außer • bereit • ~~doch~~ • Erfolg • Garten • gemeinsam • Idee • indem • ja • sehen • statt • übernehmen • unterstützen • Verein • Vermittlung • vorher • Zimmer • Zusammenleben

Lieber Max,

du willst (1) *doch* in München studieren und suchst eine Wohnung. Ich hätte da eine (2) ________. Es gibt hier einen (3) ____________, der „Wohnen für Hilfe“ heißt. Jeder Student kann dort nach einem (4) ____________ im Haus oder in der Wohnung (5) ____________ Menschen fragen. (6) __________ Miete zu zahlen, muss man (7) __________ sein, die Person im Alltag zu (8) ________________, (9) __________ man zum Beispiel im Haushalt und (10) ___________ oder beim Einkaufen hilft. Welche Aufgaben zu (11) ________________ sind, wird (12) ___________ genau festgelegt. (13) __________ Pflege kann das so ziemlich alles sein. Da das (14) ________________ funktionieren muss, wird bei der (15) ________________ auch auf (16) ________________ Interessen und Hobbys geachtet. Du (17) ________________, es lohnt sich bestimmt, da mal (18) ________________. Vielleicht ist das (19) ______ etwas für dich.

Viel (20) ___________ bei der Wohnungssuche!

Tante Elvira

☺ ○ 😐 ○ ☹ ○

G Politik und Heimat

G1 Europa Passiv Präteritum und Passiv Perfekt

GR Was gehört zusammen? Verbinden Sie die Sätze und unterstreichen Sie die Passivformen.

1. Nach dem 2. Weltkrieg wurde beschlossen, die Zusammenarbeit
2. 1951 wurde die Europäische Gemeinschaft
3. 1957 sind weitere Verträge
4. Durch diese Verträge wurde die Grundlage für
5. Seit 1967 gibt es die Europäische Gemeinschaft (EG), bis schließlich
6. 2013 wurde das 28. Land
7. Als gemeinsame Währung wurde

a) für Kohle und Stahl (EGKS) gegründet.
b) einen gemeinsamen europäischen Markt geschaffen.
c) in die EU aufgenommen.
d) im Jahr 1992 die Europäische Union (EU) errichtet worden ist.
e) zwischen den europäischen Ländern zu verbessern.
f) 2002 der Euro festgesetzt.
g) unterschrieben worden.

1	2	3	4	5	6	7
e						

Aufgepasst!
Das Passiv Präteritum bildet man mit dem Präteritum von *werden* + Partizip Perfekt:
*Die EU **wurde** 1992 **gegründet**.*
Das Passiv Perfekt bildet man mit dem Perfekt von *werden* + Partizip Perfekt. Dabei fällt beim Partizip Perfekt von *werden* die Vorsilbe *ge-* weg.
*Die EU **ist** 1992 **gegründet worden**.*

die Europäische Union (EU), der Krieg (-e)
festsetzen, schaffen-schafft-schuf-hat geschaffen

G2 Der 2. Weltkrieg Passiv Präteritum und Passiv Perfekt

GR Ergänzen Sie das passende Verb im Passiv Präteritum (2 Lückenstriche) oder Passiv Perfekt (3 Lückenstriche).

abwerfen • aufteilen • begehen • beginnen • besetzen •
feiern • stellen • ~~töten~~ • verurteilen • zerstören

1. Im 2. Weltkrieg *sind* Millionen Menschen *getötet* *worden*.
2. Viele Städte ________ durch Bombenangriffe ________.
3. Große Teile von Europa, Russland und Nordafrika ________ ________.
4. Im August 1945 ________ auf zwei japanische Städte Atombomben ________ ________.
5. Der 8. Mai 1945 ________ als Tag der Befreiung ________.
6. Deutschland ________ von den Siegermächten in vier Zonen ________ ________.
7. Im Krieg ________ schreckliche Verbrechen ________.
8. Nach dem Krieg ________ mit dem Wiederaufbau der Städte ________.
9. Kriegsverbrecher ________ vor Gericht ________.
10. Einige NS-Täter ________ für ihre Taten zum Tode ________ ________.

G3 Kämpfen

WS Was passt nicht? Streichen Sie.

1. ~~dauern~~ – sich ereignen – geschehen – passieren
2. fördern – helfen – unterstützen – verdienen
3. kämpfen – loben – sterben – töten
4. befreien – retten – schützen – zerstören
5. aufnehmen – begrüßen – bestrafen – empfangen
6. demonstrieren – integrieren – kritisieren – protestieren

die Bombe (-n), die Macht (¨-e), die Tat (-en), der Täter (-), das Verbrechen (-), der Verbrecher (-), die Zone (-n) ■ bestrafen, empfangen-empfängt-empfing-hat empfangen, fördern, geschehen-geschieht-geschah-ist geschehen, integrieren, kämpfen, protestieren, töten, verurteilen

G4 Präsentation zum Thema Wassersparen

WS Ergänzen Sie die fehlenden Wörter.

Aufmerksamkeit • Ende • ~~Folgenden~~ • Geld • gespannt • gewaschen • Herstellung • indirekt • ~~Klima~~ • kommen • laufen • Möglichkeiten • Produktion • produziert • putzen • sicherlich • sinnvoll • Sparmaßnahmen • stundenlang • ~~Umwelt~~ • überzeugt • verbraucht • verschwenden • verzichten • wirklich

1. Im *Folgenden* möchte ich Ihnen ein paar Tipps dazu geben, wie man Wasser sparen kann und damit die *Umwelt* und das *Klima* schont.
2. Bevor ich konkrete ______________ vorstelle, möchte ich betonen, dass es nicht darum gehen kann, auf Wasser zu ______________, sondern vor allem darum, kein Wasser zu ______________.
3. Wussten Sie, dass bei der ______________ von Lebensmitteln, z. B. von Mehl oder Schokolade, Unmengen von Wasser ______________ werden? Das bedeutet, dass man bei sparsamem Umgang mit Lebensmitteln ______________ Wasser spart.
4. Übrigens wird bei der ______________ von fast allem Wasser benötigt. Wenn man also nicht ständig Neues kauft, kann man ______________ Wasser und auch ______________ sparen. Was nicht gebraucht wird, wird nicht ______________.
5. Der nächste Punkt, zu dem ich ______________ möchte, ist bekannt: Lassen Sie nicht ______________ Wasser ______________, wenn Sie duschen, baden oder Zähne ______________. Für die Wäsche gilt, dass nur ______________ schmutzige Wäsche ______________ werden sollte.
6. Damit bin ich schon am ______________ meiner kleinen Präsentation, die Ihnen hoffentlich gefallen hat. Ich bin ______________, dass wir alle einen oder mehrere dieser Punkte umsetzen können. ______________ gibt es noch viele weitere ______________, seinen Konsum einzuschränken und Wasser zu sparen.
7. Ich bin ______________ auf Ihre Meinung und freue mich nun auf die Diskussion mit Ihnen. Vielen Dank für Ihre ______________!

die Maßnahme (-n) ■ waschen-wäscht-wusch-hat gewaschen ■ folgend-, nötig ↔ unnötig

G5 Das höchste Amt Komparativ und Superlativ als Adjektiv

GR Kreuzen Sie die richtige Adjektivform an.

1. Das ⊗ höchste ○ höhere politische Amt in Deutschland ist das Amt des Bundespräsidenten.
2. Die ○ lange ○ längste Amtszeit eines Bundeskanzlers dauerte 16 Jahre und war die Amtszeit von Helmut Kohl von 1982 bis 1998.
3. Viele Beschäftigte sind für ○ kürzeste ○ kürzere Arbeitszeiten.
4. Zu den ○ wichtigste ○ wichtigsten Aufgaben von Parteien gehört die politische Bildung der Gesellschaft.
5. Im Vergleich zu Deutschland haben Österreich und die Schweiz die ○ bessere ○ beste Infrastruktur im Bahnverkehr.
6. In der Landwirtschaft haben es ○ kleinere ○ kleinen Betriebe schwer, wirtschaftlich erfolgreich zu sein.
7. Trotz ○ niedrigsten ○ niedrigerer Preise ist in vielen östlichen und südlichen Ländern Europas der Lebensstandard geringer.

Aufgepasst!
Komparative und Superlative können wie Adjektive verwendet werden:
*klein → klein**er** → die klein**eren** Länder Europas*
*klein → am klein**sten** → das klein**ste** Land Europas*
Es gelten die Regeln der Adjektivdeklination. Die Endungen können stark oder schwach sein. Die starken Endungen für Maskulinum/Femininum/Neutrum Singular und Plural sind im Nominativ *r-e-s-e*, im Akkusativ *n-e-s-e* und im Dativ *m-r-m-n*.
Die schwache Endung ist entweder *-e* oder *-en*.
Nom.: ***der** ältere/älteste Mann/ein älter**er** Mann, **die** älter**en**/ältest**en** Männer* usw.
Akk.: ***den** älter**en**/ältest**en** Mann/**einen** älter**en** Mann, die älter**en**/ältest**en** Männer* usw.
Dat.: ***dem** älter**en**/ältest**en** Mann, **den** älter**en**/ältest**en** Männern* usw.

der Bundeskanzler (-), der Bundespräsident (-en), die Landwirtschaft ■ anscheinend

G

G6 Österreich

GR+WS Ergänzen Sie die passenden Nomen sowie die passenden Adjektive in der richtigen Superlativform.

Ausländer • Berg • Bevölkerung • Bundesländer • Demokratie • Einwohner • Fläche • Fluss • Hauptstadt • Kulturerbe • Landessprache • ~~Mitteleuropa~~ • Staatsangehörigkeit • Tradition • Währung • Wintersportnation • groß • gut • hoch • lang • schön

1. Österreich liegt in *Mitteleuropa*. Es gehört seit 1995 zur EU. Die ________ ist Deutsch, die ________ der Euro.
2. Das Land hat eine ________ von etwa 83.000 km² und 8,1 Millionen ________.
3. Der Großteil der ________ hat die österreichische ________. Die ________ Gruppe der ________ stammt aus Deutschland.
4. Österreich ist eine parlamentarische ________. Der Bundesstaat hat neun ________ mit eigenen Landesregierungen. Die ________ ist Wien.
5. Zwei Drittel des Landes sind Alpengebiet. Der ________ ________ ist mit 3798 Metern der Großglockner.
6. Der ________ ________ ist die Donau. Sie fließt 375 Kilometer durch Österreich.
7. Die ________ der Wiener Kaffeehauskultur ist weltberühmt und seit 2011 sogar immaterielles ________ der Unesco.

8. Österreich ist eine ________. Seine Skigebiete zählen zu den ________ und ________ der Welt.

die Bevölkerung, die Demokratie (-n), die Fläche (-n), der Einwohner (-), die Regierung (-en), die Staatsangehörigkeit (-en), die Tradition (-en) ■ fließen-fließt-floss-ist geflossen

G7 Vergleiche

WS Wie kann man noch sagen? Ordnen Sie zu.

1. Im Vergleich zu kleineren Städten ist das Leben in Großstädten meist teurer.
2. Im Ausland zu leben ist ganz anders, als im Ausland Urlaub zu machen.
3. Im internationalen Vergleich ist die Lebensqualität in europäischen Städten höher.
4. Im Gegensatz zum Leben in der Stadt ist das Leben auf dem Land weniger stressig.
5. Für die Integration ist eine gute Ausbildung genauso wichtig wie gute Sprachkenntnisse.
6. Verglichen mit früheren Zeiten gehören Flexibilität und Mobilität zum beruflichen Erfolg.
7. Migration früher und heute ist nicht immer miteinander vergleichbar.

a) Migration gab es schon immer. Geändert haben sich die Ursachen und die Akzeptanz.
b) Die Städte mit der weltweit höchsten Lebensqualität liegen fast alle in Europa.
c) Im Beruf muss man heute flexibel und mobil sein, wenn man Erfolg haben möchte.
d) In Großstädten sind die Lebenshaltungskosten meist höher als in Kleinstädten.
e) Es ist ein großer Unterschied, ob man im Ausland lebt oder als Tourist unterwegs ist.
f) Ausbildung und Sprachkenntnisse sind gleichermaßen wichtig, wenn man sich integrieren möchte.
g) Auf dem Land lebt man ruhiger als in der Stadt.

1	2	3	4	5	6	7
d						

der Gegensatz (¨-e), die Migration, die Mobilität ■ regional → national → international

G8 Staatsform Wortbildung Nomen

GR + WS Ergänzen Sie das passende Nomen und ordnen Sie die Nomen im Singular in die Tabelle ein.

Altkanzler • Bundesstaaten • Großdemonstration • Machtkämpfe • ~~Staatsform~~ • Streikverbot • Volksherrschaft • Warnstreik

1. Eine Republik stellt eine andere *Staatsform* dar als eine Monarchie.
2. Deutschland, Österreich und die Schweiz sind ______________________.
3. Das Wort „Demokratie“ stammt aus dem Griechischen und bedeutet wörtlich ______________________.
4. Ehemalige Bundeskanzler werden in Deutschland und Österreich ______________ genannt.
5. In der Politik, im Beruf, in der Familie oder in anderen Bereichen der Gesellschaft gibt es nicht selten ______________________.
6. Bei einer ______________________ gehen Tausende Menschen für ihre politischen Ziele auf die Straße.
7. In Deutschland dürfen Beamte nicht streiken. Für sie gilt das ______________.
8. Bei einem ______________ rufen die Gewerkschaften dazu auf, die Arbeit kurzfristig niederzulegen.

Nomen (+ -*s*/*es*) + Nomen	Adjektiv + Nomen	Verbstamm + Nomen
Staatsform,		

Aufgepasst!
Nomen können mit anderen Nomen, Adjektiven oder Verben zusammengesetzt sein. Zwischen Nomen kann ein Fugen-*s* notwendig sein. Bei Verben fällt die Endung weg.
Nomen (+ -*s*/*es*) + Nomen: *Sommertag, Geburtstag, Jahrestag*
Adjektiv + Nomen: ***Alt**stadt, **Neu**bau, **Hoch**haus*
Verbstamm + Nomen: ***Koch**kurs, **Klingel**ton, **Feier**tag*

die Demonstration (-en), der Kampf (¨-e), der Streik (-s), das Volk (¨-er) ■ politisch

G9 Meinungsfreiheit

WS Was passt zusammen? Bilden Sie Komposita und ergänzen Sie den Artikel.

-bauer • -ereignis • ~~-freiheit~~ • -verkehr • Brief- • Industrie- • Kurz- • Tank-

1. *die* Meinungs*freiheit*
2. ______ ________bombe
3. ______ Kriegs__________
4. ______ ________reportage
5. ______ Bio________
6. ______ ____________gebiet
7. ______ Nah__________
8. ______ ________stelle

G10 Regierung Wortbildung Nomen

GR Ergänzen Sie die richtige Endung *-ung, -heit* oder *-keit* und ordnen Sie die Nomen in die Tabelle ein.

1. Die Regier*ung* muss neu gebildet werden.
2. Die Mehr______ der Bürger will mehr Familienfreundlich______.
3. Frei______ und Gleich______ sind Grundprinzipien der Demokratie.
4. Jeder kann seine Mein______ in der Öffentlich______ äußern.
5. Der Staat trägt die Verantwort______ für die Sicher______ der Bürger.
6. Wir übernehmen keine Haft______ für die Inhalte externer Links.
7. Wasserschäden sind von der Versicher______ abgedeckt.
8. Bitte überprüfen Sie die Richtig______ Ihrer Angaben.

Verb + *-ung*	**Adjektiv + *-heit***	**Adjektiv + *-keit***
Regierung,		

Aufgepasst!
Von Verben und Adjektiven können Nomen abgeleitet werden. Nomen auf *-ung*, *-heit* und *-keit* sind immer Femininum.
Verbstamm + *-ung*: *mein~~en~~* → *die Mein**ung***, *änder~~n~~* → *die Änder**ung***
Adjektiv + *-heit/keit*: *schön* → *die Schön**heit***, *möglich* → *die Möglich**keit***

G11 Was bedeutet Heimat für euch?

WS Schreiben Sie die Sätze richtig. Achten Sie auf die Satzzeichen.

Asha: WennichanmeineHeimatdenkedenkeichanmeineKindheitdiesehrglücklichwar DeswegenbedeutetHeimatfürmichGlückJetztlebeichweitwegundhabewunderbare Erinnerungen *Wenn ich an meine Heimat denke, denke ich an meine Kindheit, die sehr glücklich war.*

Murat: HeimathatvieleBedeutungenfürmichNatürlichistesdasLandundderOrtwoherman stammtAbermankannsichauchfremdinderHeimatfühlenunddaheiminderFremde HeimatistalsonichtimmereinfesterOrtsondernvorallemeinGefühl

Dilara: HeimatistdasGegenteilvonEinsamkeitWennichFamilieundFreundehabeundwenn ichdabinwoichmichwohlfühledannistdasHeimatfürmich

Saad: IchhabemeineHeimatverlassenweildortKriegistundfühlemichjetztheimatlos IrgendwannwerdeicheineneueHeimatfindenaberesirdtrotzdemimmeretwasfehlen

Ivie: VielenMenschengehteswieSaadSiehabenihreHeimatverlorenodernochnicht gefundenHeimatbedeutetfürmichzuwissenwermanistundwohinmangehört DeswegenhatHeimatetwasmitWurzelnundIdentitätzutun

G12 (Fremde) Küche Verben mit Präposition, Präpositionaladverbien und Fragewörter

GR Ergänzen Sie die richtige Präposition, das richtige Präpositionaladverb oder das richtige Fragewort.

- ● Ich kann mich einfach nicht (1) *an* das Essen hier gewöhnen! Hast du dich schon (2) *daran* gewöhnt?
- ■ Natürlich nicht! Ich träume (3) _____ den Gerüchen und den Gewürzen in der Heimat. Wenn wir hier unsere traditionellen Gerichte kochen, regen sich die Nachbarn auf.
- ● (4) ____________ regen sie sich denn auf? Wahrscheinlich (5) ____________, dass ihr täglich frisch kocht!
- ○ Könntet ihr mir vielleicht (6) ____ Kochen helfen? Das Fleisch muss gebraten werden.
- □ Ich kümmere mich gleich (7) _____. Kann ich dich später auch (8) _____ etwas bitten?
- ○ Gern. Wir sprechen nach dem Essen (9) ____________, in Ordnung?
- ● Weißt du, (10) __________ ich mal wieder Lust hätte? (11) ______ einen schönen Abend zu zweit!
- ■ (12) ____________ hätte ich auch Lust. Was hältst du (13) ___________, in das neue asiatische Restaurant zu gehen?
- ● (14) _________ habe ich auch schon gedacht. Sollen wir für Samstag einen Tisch reservieren?
- ■ Unbedingt! Das kann ich übernehmen. Ich freue mich (15) _______ den Abend!

das Gewürz (-e) ■ bitten-bittet-bat-hat gebeten, braten-brät-briet-hat gebraten

G

Teste dich!

T1 Fakten zur deutschen Nachkriegsgeschichte

Ergänzen Sie das Verb im Passiv Präteritum und im Passiv Perfekt.

1. In den Nürnberger Prozessen 1945 *wurden/sind* Kriegsverbrecher *verurteilt/verurteilt worden*. (verurteilen)
2. 1949 ______/______ die Bundesrepublik Deutschland und die Deutsche Demokratische Republik ______/______. (gründen)
3. Konrad Adenauer ______/______ zum ersten deutschen Bundeskanzler ______/______. (wählen)
4. Am 13. August 1961 ______/______ zwischen Ost- und Westberlin die Mauer ______/______. (errichten)
5. Am 9. November 1989 ______/______ die deutsch-deutschen Grenzen ______/______. (öffnen)
6. Am 3. Oktober 1990 ______/______ Deutschland offiziell ______/______. (wiedervereinigen)
7. Der Tag der Deutschen Einheit ______/______ zum Nationalfeiertag ______/______. (erklären)

☺ ○ 😐 ○ ☹ ○

T2 Die besten Filme aller Zeiten

Ergänzen Sie die Adjektive in der richtigen Komparativ- oder Superlativform.

1. Die *besten* Filme aller Zeiten sind zeitlos. (gut *Superlativ*)
2. In ______ Zeit nehmen Wetterextreme überall auf der Welt zu. (jung *Superlativ*)
3. Er hat in ______ Zeit Deutsch gelernt. (kurz *Superlativ*)
4. Für das neue Auto benötigen wir eine ______ Geldsumme. (groß *Komparativ*)
5. Die Reparatur wird ______ Zeit in Anspruch nehmen. (lang *Komparativ*)
6. Schon seit ______ Kindheit wollte ich Ärztin werden. (früh *Superlativ*)
7. Sie sollten auf eine ______ Ernährung achten. (gesund *Komparativ*)
8. ______ Informationen zu unseren Kursen finden Sie online. (nah *Komparativ*)

☺ ○ 😐 ○ ☹ ○

T3 Das Münchner Oktoberfest

Ergänzen Sie das passende Wort in der richtigen Form.

bayerisch • beschließen • Besucher • -bier • -bürgermeister • Fahr- • feiern • Fest- • Geschmack • ~~groß~~ • Grund • -herz • international • jährlich • Liter • -präsident • Rettungs- • schmecken • sorgen • Souvenir • Spezialität • traditionell • vergessen • Vergnügen • viel • Volk • wichtig • Wiese

Das Münchner Oktoberfest ist das (1) *größte* Volksfest der Welt. Es findet jedes Jahr Ende September statt. Das erste Oktoberfest (2) __________ im Jahr 1810 __________. (3) __________ war die Hochzeit von Ludwig von Bayern mit Prinzessin Therese von Sachsen-Hildburghausen. Das (4) __________ war so begeistert, dass man (5) __________, das Fest auf der „Theresienwiese" von nun an (6) __________ zu feiern. Heute ist das Oktoberfest ein (7) __________ Fest mit über sechs Millionen (8) __________ aus aller Welt.

Die Wiesn, das bairische Wort für (9) „__________", beginnt (10) __________ mit dem Einzug der Wiesnwirte. Das (11) __________ Getränk auf der Wiesn ist nämlich das (12) Oktoberfest__________. Der (13) Ober__________ zapft das erste Fass an und eröffnet die Wiesn. Die erste Maß, d. h. den ersten (14) __________ Bier, erhält der bayerische (15) Minister__________. Dazu gibt es deftige oder süße (16) Oktoberfest-__________, die man sich (17) __________ lassen kann: Brathendl, Bratwürstl, Brezn, Dampfnudeln usw. Nicht zu (18) __________ sind die gebrannten Mandeln und die (19) Lebkuchen__________, die vor allem als (20) __________ dienen. Neben den riesigen (21) __________zelten, in denen (22) __________ Blasmusik spielt, gibt es über hundert (23) __________geschäfte für jeden (24) __________. Essen und Trinken so (25) __________, wie man möchte! Spaß und (26) __________ – jedes Jahr 16 Tage lang! Übrigens: Für Sicherheit und Schutz rund um die Wiesn (27) __________ Polizei, Bahnbeamte und (28) __________dienste.

☺ ○ 😐 ○ ☹ ○

Lösungen

A Vergangenes und Medien

A1 Meldungen
2. besuchten 3. endete 4. informierten 5. erreichte 6. rettete 7. setzte … aus, stürzte ab

2. sie/Sie informierten 3. er/sie/es rettete 4. er/sie/es endete 5. sie/Sie besuchten 6. er/sie/es erreichte 7. er/sie/es setzte aus 8. er/sie/es stürzte ab

2. du spieltest 3. er/sie/es spielte 4. wir spielten 5. ihr spieltet 6. sie/Sie spielten

A2 War früher alles besser?
2. lasen, sahen fern; lesen, fernsehen 3. schrieb; schreiben 4. traf, unterhielt sich; treffen, unterhalten 5. flog; fliegen 6. fuhren; fahren 7. ging; gehen 8. ließ; lassen 9. fanden; finden 10. gefiel; gefallen

2. du gabst 3. er/sie/es gab 4. wir gaben 5. ihr gabt 6. sie/Sie gaben

A3 Als er klein war, …
2d 3a 4f 5c 6e

A4 Schulzeit
2. dachte, denken 3. nannten, nennen 4. kannte, kennen
1. ich brachte 2. du brachtest 4. wir brachten 5. ihr brachtet 6. sie/Sie brachten

A5 Zeitungsbericht
2. ~~Krankbericht~~ 3. ~~Rückanzeige~~ 4. ~~Hausinterview~~

A6 Immer wenn das passiert, …
2. Immer wenn es regnet, fällt der Tennisunterricht aus. Obwohl es regnet, fällt der Tennisunterricht nicht aus. 3. Immer wenn es blitzt und donnert, bekommen die Kinder Angst. Obwohl es blitzt und donnert, bekommen die Kinder keine Angst. 4. Immer wenn es schneit, gibt es auf den Straßen Staus. Obwohl es schneit, gibt es auf den Straßen keine Staus. 5. Immer wenn die Band Z spielt, ist das Konzert ausverkauft. Obwohl die Band Z spielt, ist das Konzert nicht ausverkauft. 6. Immer wenn die Mannschaft verliert, sind die Fans enttäuscht. Obwohl die Mannschaft verliert, sind die Fans nicht enttäuscht.

A7 Was ich neulich geträumt habe
Maja: Ich trat auf der Bühne auf und sang. Danach wollten die Fans Selfies mit mir machen. Der Traum war total verrückt.
Ivan: In meinem Traum habe ich im Tatort mitgespielt. Das ist mein Lieblingskrimi im Fernsehen, weil es da nur wenig Blut und Gewalt gibt. Es war unglaublich spannend.
Elvis: Ich habe von einem Unfall geträumt. Ich war um Mitternacht mit dem Motorroller unterwegs, als plötzlich zwei betrunkene Männer auf die Straße liefen. Ich konnte nicht mehr bremsen. Es war wirklich schlimm.

A8 Das wusste ich nicht.
2. Ich weiß 3. Hast du gewusst 4. Wir wussten 5. Er weiß 6. Ich wusste

A9 Er schlief tief und fest.
2. biss 3. blieb 4. aß 5. floh 6. gelang 7. lag 8. rief 9. schlief 10. saß 11. stieg 12. trank 13. tat weh 14. verbot 15. vergaß 16. verschwand 17. schlug vor 18. warf

A10 Rundfunk, Fernsehen und mehr
1. Fernsehen 2. Radio, Medien 3. Serie, Folgen 4. Kriminalserien

A11 Meinungen und Vorschläge
1. Da hast du völlig recht. 2. Lass uns doch einen DVD-Abend machen. – Das hört sich gut an. 3. Rap ist nicht mein Musikgeschmack. – Meiner auch nicht. 4. Wollen wir mal wieder ins Konzert gehen? – Auf jeden Fall!

A12 Rundfunkgebühren
2. der Radiosender 3. das Fernsehprogramm 4. der Abenteuerfilm 5. der Kriminalfall 6. der Großstadtverkehr 7. das Erlebnisbad 8. die Massenmedien

A13 Was ich fragen wollte
2. Kind, das 3. Frau, die 4. Leute, die 5. Möbel, die 6. Bewerbung, die 7. Auto, das 8. Schlüssel, den
Nom. f Sg.: die Frau, die **Nom. n Sg.:** das Kind, das
Nom. Pl.: die Leute, die
Akk. m Sg.: der Mann, den **Akk. f Sg.:** die Frau, die
Akk. n Sg.: das Kind, das **Akk. Pl.:** die Leute, die

A14 Wünsche
2f in dem 3b in der 4c denen 5a auf die 6d mit der
Dat. m Sg.: der Mann, dem **Dat. f Sg.:** die Frau, der
Dat. n Sg.: das Kind, dem **Dat. Pl.:** die Leute, denen

A15 Verliebt
1. den 2. dem 3. den 4. die 5. der

T1 Fangt an!
2. anrufen, ruft an, rief an, hat angerufen 3. erkennen, erkennt, erkannte, hat erkannt 4. erfahren, erfährt, erfuhr, hat erfahren 5. fallen, fällt, fiel, ist gefallen 6. sehen, sieht, sah, hat gesehen 7. springen, springt, sprang, ist gesprungen 8. stehen, steht, stand, hat gestanden 9. versprechen, verspricht, versprach, hat versprochen 10. wissen, weiß, wusste, hat gewusst

T2 (Kein) Glück gehabt
(2) weil (3) Als (4) dass (5) Obwohl (6) Wenn (7) Obwohl (8) Als (9) wenn (10) als (11) weil (12) dass

T3 Lieblingsbeschäftigungen
2. Meine Oma schaut am liebsten Spielfilme, die von Liebe und Glück handeln. 3. Moritz liebt sein Motorrad, das ihm seine Großeltern zum 20. Geburtstag gekauft haben. 4. Clara hat eine Lieblingspuppe, die sie an- und auszieht und der sie die Haare kämmt. 5. Arthur kennt nur sein Smartphone, mit dem er sich ständig beschäftigt. 6. Fernanda hat einen Reiseblog, den sie neu erstellt hat und der sehr beliebt ist.

T4 Kindheitserinnerung
(2) früher (3) Geschenke (4) später (5) Schmuck (6) Halskette (7) immer (8) trage (9) erinnert (10) Kindheit

B Gesundheit und Sprachen

B1 Der Rat des Arztes
2f das Wohl der Patienten 3a die Ergebnisse der Untersuchung 4g die Nebenwirkungen des Medikaments 5b die Ursache der Beschwerden 6e die Einstellung der Patienten 7c Ziel der Behandlung
Gen. m Sg.: die Einstellung des Patienten **Gen. f Sg.:** die Ergebnisse der Untersuchung, Ziel der Behandlung
Gen. n Sg.: die Nebenwirkungen des Medikaments
Gen. Pl.: das Wohl der Patienten, die Ursache der Beschwerden

B2 Das Haus meiner Eltern
2. das Auto ihres Bruders 3. den Rat einer Freundin. 4. den Hund seiner Nachbarin. 5. Geburt eures Sohn(e)s 6. das Heft Ihres Kindes. 7. die Hälfte unserer Lehrer 8. die Frau eines Kollegen 9. Teil eines Teams 10. der Ring deiner Oma 11. die Liebe meines Lebens

Gen. m Sg.: eines Kollegen, ihres Bruders, eures Sohn(e)s
Gen. f Sg.: einer Freundin, deiner Mutter, seiner Nachbarin
Gen. n Sg.: eines Teams, meines Lebens, Ihres Kindes
Gen. Pl.: meiner Eltern, unserer Lehrer

B3 Wegen meines Knies
2. wegen seines Übergewichts 3. Wegen ihrer Migräne 4. Wegen Ihrer Schulterprobleme 5. wegen eines Unfalls 6. wegen der Vitamine 7. wegen Magenschmerzen 8. wegen Schlafmangel

B4 Krankheitsursache
3. der Stressfaktor/Risikofaktor 4. der Impfstoff/der Impfschutz 5. die Krankmeldung/Unfallmeldung 6. das Schmerzmittel/die Schmerztablette 7. die Beruhigungsspritze/Insulinspritze 8. die Tabletteneinnahme/die Tablettensucht 9. der Bewegungsmangel/Vitaminmangel 10. die Laboranalyse/das Laborergebnis

B5 Was tust du für deine Gesundheit?
Estelle: ..., also verschiedene Fitnessübungen für die Beweglichkeit. Manchmal gehe ich auch zum Krafttraining ins Fitnessstudio oder jogge.
Samuel: Mein Arbeitsalltag ist sehr stressig und ich bin oft erschöpft. Deswegen mache ich immer wieder Entspannungsübungen.
Maja: Leider nehme ich schnell zu und bewege mich nicht genug. Ich achte zwar auf gesunde Ernährung, aber auf Süßigkeiten kann ich nur schwer verzichten.

B6 Arzt und Apotheke
2e 3b 4c 5a

B7 Statistik im Unterricht
2. Die meisten haben Englisch gelernt. 3. Drei Viertel von uns stammen aus osteuropäischen Ländern. 4. Ein Drittel der Klasse ist jünger als dreißig Jahre. 5. Knapp die Hälfte sind Männer. 6. Mehr als ein Viertel der Teilnehmer wohnt allein. 7. Niemand hat einen deutschen Pass.

B8 Weshalb?
2. ~~wie~~ 3. ~~allgemein~~ 4. ~~deutlich~~ 5. ~~wahrscheinlich~~ 6. ~~vereinbaren~~ 7. ~~wählen~~

B9 Fremdsprache Deutsch
2. Allmählich 3. fließend 4. merkwürdig 5. Darum 6. weshalb 7. Irgendwann

B10 Vom Sprachenlernen
2. <u>muss</u> ... erklärt werden 3. <u>sollte</u> ... verbessert werden 4. <u>sollen</u> übersetzt werden 5. <u>dürfen</u> ... vergessen werden 6. <u>müssen</u> verglichen werden 7. <u>können</u> benutzt werden 8. <u>dürfen</u> ... gestellt werden

B11 In der Prüfung
2. Es darf nicht gesprochen werden. 3. Es darf nicht geraucht werden. 4. Es muss mit Bleistift geschrieben werden. 5. In der Prüfung darf nicht gegessen werden./ Es darf in der Prüfung nicht gegessen werden. 6. Es darf getrunken werden. 7. Die Smartphones müssen abgegeben werden. 8. Der Raum darf nicht verlassen werden. 9. Es muss auf die Zeit geachtet werden. 10. Niemand darf gestört werden./Es darf niemand gestört werden.

B12 Darf ich kurz nachfragen?
2e 3b 4a 5d

B13 Wenn ich Zeit hätte, ...
2. Wenn du lauter sprechen würdest, könnten wir dich verstehen. 3. Wenn der Lehrer nicht dauernd schimpfen würde, würde der Unterricht Spaß machen. 4. Wenn seine Familie hier wäre, wäre vieles einfacher. 5. Wenn sie nicht so viel arbeiten müsste, könnte sie mehr lernen. 6. Wenn seine Sprachkenntnisse ausreichend wären, hätte er mehr Chancen im Beruf.

B14 An deiner Stelle
Mögliche Lösungen:

Wenn	ich an deiner Stelle wäre,	dann	würde ich den Kurs beenden.
Wenn	ich du wäre,	dann	würde ich den Kurs wiederholen.
Wenn	ich in deiner Situation wäre,	dann	würde ich einen Ausbildungsplatz suchen.
Wenn	ich an Ihrer Stelle wäre,	dann	würde ich mir alles genau aufschreiben.
Wenn	ich Sie wäre,	dann	würde ich nicht lügen.
Wenn	ich in Ihrer Situation wäre,	dann	wäre ich vorsichtig.
Wenn	ich an deiner Stelle wäre,	dann	wäre ich nicht so mutig.
Wenn	ich in deiner Situation wäre,	dann	hätte ich wahrscheinlich Angst.

B15 Wortketten
2. das Herkunftsland – das Länderspiel – der Spielplatz 3. das Wörterbuch – der Buchautor – die Autorenlesung 4. der Ehepartner – die Partnergemeinde – der Gemeinderat

T1 Gründe
2. Wegen eines Unfalls liegt sie im Krankenhaus. 3. Wegen (s)einer Schulterverletzung/Wegen (s)einer Verletzung an der Schulter kann er im Moment nicht trainieren. 4. Wegen meiner Rückenprobleme/Wegen Rückenproblemen mache ich regelmäßig Yoga.

T2 Wenn ich könnte, ...
2. Wenn du früher ins Bett gehen würdest, wär(e)st du nicht immer so müde. 3. Wenn er einen Führerschein hätte, würde er sich vielleicht ein Auto kaufen. 4. Wenn sie mehr Geld verdienen würde, müsste sie nicht ständig sparen. 5. Wenn wir eine eigene Wohnung hätten, wäre vieles einfacher für uns. 6. Wenn ihr nicht beide einen guten Job hättet, könntet ihr euch weniger leisten. 7. Wenn sie eine Ausbildung machen dürften, wären sie sehr zufrieden.

T3 Medikamente
2. darf ... vergessen werden 3. sollen ... geschluckt werden 4. darf ... beendet werden 5. müssen ... gelagert werden 6. kann ... garantiert werden

T4 Meine Sprachen
2. meiner 3. Muttersprache 4. Weshalb 5. aufgewachsen 6. Daher 7. sichersten 8. Allerdings 9. Schrift 10. verstehe 11. Kenntnisse 12. ausreichend 13. leichter 14. Wenn 15. wäre 16. Später 17. Abendkurs 18. Erfolg 19. Aussprache 20. desto

C Jobsuche und Beruf

C1 Während der Ferien
2. Während meiner Schulzeit 3. während des Studiums 4. während des Unterrichts 5. Während der Pause 6. Während der Sommermonate 7. Während des Vorstellungsgesprächs

C2 Innerhalb einer Woche
2. außerhalb 3. innerhalb 4. Innerhalb 5. außerhalb/ innerhalb 6. innerhalb 7. außerhalb

C3 In der Firma
2. innerhalb eines Jahres 3. Während ihrer Schwangerschaft 4. außerhalb unserer Geschäftszeiten 5. innerhalb kurzer Zeit 6. Während seines Urlaubs 7. innerhalb der Firma 8. außerhalb Europas 9. außerhalb des Büros 10. Während der Besprechung

C4 Berufe
1. Übersetzungsbüro, Job, Konkurrenz 2. Bürojob, Hausmeister, Wohnungen 3. Schreibtisch, Maler, Aufträgen 4. Geschäftsleute, Softwarefirma, Risiko 5. Servicebereich, Serviceangestellte, Gäste 6. Haare, Friseur, Läden

C5 Bewerbung
2i 3c 4h 5f 6d 7e 8g 9j 10a

C6 Rund um den Job
2. versucht, ... zu finden. 3. vorstellen, ... zu sein 4. schwierig, ... zu bekommen 5. Spaß, ... zu sitzen 6. vergessen, ... vorzubereiten 7. Zeit, ... zu treffen 8. finde ... stressig, ... zu vereinbaren 9. selbstverständlich, ... zurechtzukommen 10. aufhören, ... zu kritisieren 11. Interesse, ... zu übernehmen 12. fällt ... schwer, ... zu sein 13. Angst, ... zu bekommen 14. Möglichkeiten, ... zu lösen 15. erwarten, ... kennenzulernen 16. lohnt sich ..., ... auszuprobieren

C7 Berufliche Pläne und Ziele
Milan: Es ist nicht so einfach, sein Geld mit Musik zu verdienen. Talent ist Voraussetzung, aber Talent allein genügt nicht. Wichtig ist, Leute zu kennen und flexibel zu sein. Wenn mir das Geschäft mit der Musik zu unsicher wird, arbeite ich wieder als Bürokaufmann.
Rebecca: Mein Plan ist, ein Kosmetikstudio zu eröffnen. Das ist ein finanzielles Risiko und ich warte noch auf den richtigen Zeitpunkt. Bis dahin heißt es, Erfahrungen zu sammeln und den Markt zu beobachten.
David: Mein größter Wunsch wäre es, als Journalist im Ausland zu arbeiten. Im Moment studiere ich noch und schreibe nebenbei Artikel für die Zeitung. Außerdem habe ich angefangen, Chinesisch zu lernen. Vielleicht ist das später von Vorteil.
Naomi: Ich bin nicht besonders ehrgeizig und habe nicht vor, Karriere zu machen. Ich hoffe einfach nur, nicht arbeitslos zu werden.

C8 Wozu braucht man das?

Man braucht	Geld,	damit	man unabhängig ist.
Man braucht	ein Smartphone,	damit	man schnell kommunizieren kann.
Man braucht	einen Beruf,	damit	man Geld verdient.
Man braucht	eine Sonnenbrille,	damit	man seine Augen vor der Sonne schützt.
Man braucht	Winterkleidung,	damit	man im Winter nicht friert.

C9 ..., um gesund zu bleiben.
2. Sie, sie: um sich zu erholen 3. Er, er: um die Prüfung zu bestehen 4. Sie, sie: um bargeldlos zahlen zu können
5. Du, du: um das nächste Tennismatch zu gewinnen
6. Ich, ich: um immer gut informiert zu sein
7. Ihr, ihr: um mehr Platz zu haben

C10 Im Kaufhaus
2. Bestimmtes 3. schauen 4. hätte 5. Spiegel 6. Untergeschoss 7. Auswahl 8. klassisch 9. dürfte 10. umtauschen 11. klein 12. Kassenzettel 13. Umtausch 14. Kasse 15. klar

C11 Ohne zu überlegen
2. Statt ... zu nehmen 3. ohne ... zu verabschieden 4. ohne zu zahlen 5. Statt ... aufzuhören 6. ohne ... zu sein 7. statt ... zu surfen 8. ohne ... anzuhalten 9. Ohne ... zu überlegen 10. statt ... zu helfen

C12 Neuer Job
2a 3b 4e 5c

C13 Bewerbungsgespräch
2. die Geschäftsidee/die Geschäftseröffnung 3. der Abteilungsleiter/Produktionsleiter 4. die Betriebsfeier/das Betriebsgeheimnis 5. der Außenhandel/Goldhandel
6. der Rentenanspruch/die Rentenzahlung
7. die Firmengründung/Neugründung

T1 Geld und Erfolg
3. Til ist sich sicher, später einmal eine gute Stelle zu finden. 4. Merle leiht jedem Geld, ohne lange nachzudenken. 5. Stine hilft regelmäßig im Sportverein mit, ohne dafür bezahlt zu werden. 6. Roman liegt faul auf dem Sofa, statt Bewerbungen zu schreiben. 7. Amir spielt fleißig Lotto, damit er irgendwann einmal Millionär wird/um irgendwann einmal Millionär zu werden. 8. Jannis plant, mit seinen Freunden eine Firma zu gründen. 9. Caro nimmt jeden Job an, damit ihre Kinder studieren können.
10. Betty hofft, eine erfolgreiche Künstlerin zu werden.

T2 Es geht.
2. Es ist nicht weit ... Da vorn sieht man es schon. 3. dass ~~es~~ das Wetter so schön ist und es endlich nicht mehr regnet.
4. Es kann gefährlich sein, ..., wenn es schon dunkel ist ...
5. Jetzt fängt es schon wieder an, ... Ich glaube es nicht!
6. Wir sind ~~es~~ froh darüber, dass es uns allen gut geht.

T3 Beschwerde
2. habe ... erhalten 3. telefonisch 4. innerhalb 5. geliefert werden 6. mittlerweile 7. Gründen 8. enttäuscht
9. Stoffes 10. erwartet habe 11. Stoff 12. ebenfalls
13. obwohl 14. Daher 15. hiermit 16. Service
17. Interesse 18. daran 19. zu 20. freundlichen

D Wohnen und Arbeiten

D1 Wenn ich das bloß gewusst hätte!
3. Hättest du nur nicht das Auto gekauft! 4. Wär(e)st du nur nicht ins Ausland gegangen! 5. Wenn das Grundstück doch nur nicht so teuer gewesen wäre! 6. Hätte das Haus doch eine Terrasse gehabt! 7. Wenn es im Gebäude bloß einen Lift gegeben hätte! 8. Wenn wir nur nicht so dumm gewesen wären! 9. Hättet ihr uns doch geglaubt!
10. Wär(e)t ihr doch bloß nicht zu spät gekommen!
11. Wenn Sie doch nur Bescheid gesagt hätten!

2. du hättest gekauft/wär(e)st gegangen 3. er/sie/es wäre gewesen/hätte gehabt/hätte gegeben 4. wir wären gewesen 5. ihr hättet geglaubt/wär(e)t gekommen
6. sie/Sie hätten gesagt

D2 Rechte und Pflichten
2. Mein Nachbar beschwert sich über den Lärm von Kindern. 3. Streitigkeiten mit Nachbarn enden oft vor Gericht. 4. Ein Prozess kann monatelang dauern und teuer werden. 5. Sie brauchen unbedingt einen guten Rechtsanwalt. 6. Wer möchte nicht in Frieden mit seinen Nachbarn leben?

D3 Entscheidungen
2. zwar ein Auto, aber ... 3. entweder morgen oder nächste Woche ... 4. nicht nur zentral liegen, sondern auch ...
5. zwar günstig, aber nicht sehr schön. 6. Entweder du ziehst ... oder du suchst ... 7. nicht nur Anzeigen im Internet, sondern fragt auch ... 8. nicht nur Wohnungen in München, sondern auch in Berlin. 9. zwar nicht erlaubt, aber ...

D4 Dauerlärm bei den Nachbarn
2. Gespräche 3. abgemacht 4. höchstens
5. Nacht 6. vorher 7. Fall 8. Studenten 9. berufstätig
10. Deswegen 11. Bitte 12. nehmen 13. genügen
14. Verständnis 15. Grüße

D5 **Dachterrasse**
2. der Wintergarten – die Gartenerde 3. der Kunstrasen – der Rasenmäher 4. der Fahrradkeller – die Kellertreppe 5. der Straßenlärm – der Lärmschutz 6. das Parkverbot – das Verbotsschild

D6 **Trotz Erkältung**
2. Trotz Stau 3. Trotz der vielen Probleme 4. Trotz ihrer Karriere 5. Trotz seiner Unzufriedenheit 6. Trotz des Drucks im Beruf

D7 **Treu und ehrlich**
2. ~~Misserfolg~~ 3. ~~locker~~ 4. ~~Ablehnung~~

D8 **Unter Kollegen**
2e daran 3a darum 4c auf ihn 5f vor ihr 6d darüber

D9 **Kennst du diesen Jungen?**
2. diesem Menschen 3. die Katze des Nachbarn 4. einen Neffen 5. die Wünsche der Kunden 6. Diesem Kollegen 7. einen neuen Praktikanten 8. zwei Franzosen

D10 **Jugendliche und Erwachsene**
2. Deutscher: deutsch 3. Erwachsene und Jugendliche: erwachsen, jugendlich 4. Verwandten: verwandt 5. Fremde: fremd

D11 **Falls etwas unklar ist, ...**
2. falls Sie einverstanden sind/sein sollten. 3. Falls alles nach Plan läuft/laufen sollte, ... 4. Falls Sie noch Fragen haben/haben sollten, ... 5. falls Sie noch etwas benötigen/benötigen sollten. 6. Falls nichts dazwischenkommt/-kommen sollte, ... 7. Falls etwas fehlt/fehlen sollte, ... 8. falls Sie niemanden persönlich erreichen/erreichen sollten.

D12 **Je schneller, desto besser!**
2e 3f 4a 5b 6c

D13 **Der erste Tag im neuen Job**
Naomi: Je näher der Tag kam, desto nervöser wurde ich. Ich kannte ja niemanden und wollte unbedingt einen guten Eindruck machen. Aber die Kollegen waren von Anfang an sehr nett zu mir. Wir haben uns sofort geduzt. Das hat mir tatsächlich geholfen.
Erik: Der erste Tag war aufregend. Der Chef persönlich hat mich begrüßt und sich Zeit genommen, mir alles zu zeigen. Später war ich mit den Kollegen in der Kantine. Die haben sich wirklich für mich interessiert. Es herrscht eine tolle Teamatmosphäre und die Zusammenarbeit ist bis heute gut.

D14 **Mitmenschen**
2. auf das 3. auf die 4. ohne den 5. zu denen 6. vor dem 7. von der 8. für die

T1 **Wohnung und Job**
2. Obwohl 3. Trotz 4. Wegen 5. weil 6. obwohl 7. Wegen 8. Trotz 9. weil 10. trotz

T2 **Entweder jetzt oder nie**
2. Je besser man vernetzt ist, desto schneller findet man Unterstützung. 3. Wir haben nicht nur eine große Familie, sondern auch viele Bekannte. 4. Ich habe zwar einen sicheren Arbeitsplatz, aber auch viel Stress. 5. Je mehr du lernst, umso weniger Zeit für anderes hast du/umso weniger Zeit hast du für anderes. 6. Sie können den Kurs entweder bar oder per Lastschrift zahlen. 7. Wir sprechen die Probleme zwar immer wieder an, aber unser Chef interessiert sich nicht dafür. 8. Ihr habt nicht nur flexible Arbeitszeiten, sondern könnt auch im Homeoffice von zu Hause arbeiten.

T3 **Meine beste Freundin**
2. Falls 3. zwar 4. aber 5. daran 6. Treppenhaus 7. Du 8. echte 9. entwickelt 10. Ratgeberin 11. von 12. verzichten 13. Nächsten 14. Polen 15. tatsächlich 16. Darüber 17. wen 18. nach

E Internet und Konsum

E1 **Am Rechner**
2. während 3. Bevor 4. Nachdem 5. nachdem 6. Bevor 7. Während 8. bevor

E2 **Rund um Computer und Smartphone**
2. Ehrlich gesagt 3. machen lassen 4. Kabel 5. Geräte 6. Wörterbuch-App 7. irgendeinen Tipp 8. Apps 9. herunterladen 10. testen 11. Festplatte 12. speicherst 13. ordnest 14. längst 15. Ordner 16. Unterordnern

E3 **Hardware und Software**
2. ~~Grafikkarte~~ 3. ~~verbrennen~~ 4. ~~Sendung~~

E4 **Das ist doch klar!**
2. Viele Symbole sind international und werden von jedem verstanden. 3. Online-Spiele können süchtig machen. 4. Die digitalen Medien haben unseren Alltag verändert. 5. Mancher Jugendliche flieht in virtuelle Welten. 6. Man kann diskutieren, ob das Internet mehr Vorteile oder mehr Nachteile hat. 7. Mit bestimmten Programmen kann man sich vor Computerviren schützen.

E5 **Am Fahrkartenautomaten**
2f 3d 4c 5g 6a 7e

E6 **Irgendwo**
2. Irgendwo 3. irgendein 4. irgendwann 5. irgendwie 6. irgendetwas 7. irgendeinem 8. irgendwoher 9. irgendwelche 10. irgendwen 11. irgendwer 12. irgendeine

E7 **Als ob das wichtig wäre!**

Sie sieht so aus,	als ob	sie sich nicht die Haare gekämmt hätte.
Wir fühlen uns so,	als	würden wir hier schon ewig wohnen.
Es sieht so aus,	als ob	sie nicht schwimmen könnte.
Es scheint so,	als	hätte er keine Angst.
Es kommt mir so vor,	als ob	ich etwas vergessen hätte.
Tu nicht so,	als	wäre nichts gewesen!
Warum tut ihr so,	als ob	alles in Ordnung wäre?
Es scheint so,	als	wären alle zufrieden.
Es sieht so aus,	als ob	ihr ein Problem hättet.
Er tut immer so,	als	wäre das Leben so leicht.

E8 **Verbraucherschutz**
2. das Wartezimmer/die Warteschlange 3. das Entwicklungsprojekt/Forschungsprojekt 4. die Fachberatung/das Fachbuch 5. der Handtaschendieb/Ladendieb 6. das Pausenbrot/der Pausensnack 7. der Kassenbeleg/Steuerbeleg

E9 **Bar oder mit Karte?**
2. weder Bettwäsche noch Handtücher 3. weder zurückgegeben noch umgetauscht 4. sowohl nach Hause als auch in die Filiale

E10 **Alles, was er will**
2. nichts, was 3. Orte, wo ... wo 4. etwas, was ... was 5. Da, wo 6. überall ..., wo 7. alles, was ... was *(Bezugswort fehlt)* 8. Stuttgart, wo

E11 **Enttäuschungen und Missgeschicke**
Alina: Nicht immer hält Werbung, was sie verspricht. Ich hatte beschlossen, eine elektrische Zahnbürste zu kaufen. Die Werbung hat mich angesprochen und die Testergebnisse waren super. Nach drei Monaten bekam ich Probleme mit dem Zahnfleisch. Der Zahnarzt hat mir dann geraten, wieder wie früher zu putzen. Wahnsinn! So viel Geld für nichts! Ich war nur noch enttäuscht und verärgert.
Nils: Soll ich euch erzählen, was meiner Freundin letzte Woche passiert ist? Es ist kaum zu glauben. Sie hatte sich eine neue Sonnenbrille gekauft. Es war ein Designermodell, das meiner Meinung nach viel zu teuer war. Als sie

unterwegs auf ihr Handy schaute, ist ihr die Brille von der Nase gerutscht und direkt in den Gully vor ihr gefallen. Weg war sie! Wirklich blöd gelaufen!
Lilly: Ich kenne solche Dinge! Peinliche Missgeschicke passieren mir irgendwie ständig. Hinterher lache ich darüber und vergesse sie ganz schnell. Deswegen erzähle ich jetzt nichts, sondern schweige lieber.

E12 Bellende Hunde
2. brennende → brennen 3. funktionierendes → funktionieren 4. Streitende → streiten 5. wachsendes → wachsen 6. rennende, schreiende → rennen, schreien 7. lernende → lernen 8. schmerzendes, kühlende → schmerzen, kühlen 9. behandelnden → behandeln 10. springende → springen

E13 Verletzend oder verletzt?
2. beruhigenden 3. interessierte 4. sprechender 5. Schlafende 6. gekochte

E14 Beschwerden
2d 3a 4b 5c

T1 Was man tun kann oder nicht
2. Bevor man isst, ... 3. Nachdem ich gegessen habe, ... 4. Nachdem sie (das) Abitur gemacht hatte, ... 5. Während er studiert hat/studierte, ... 6. Kurz bevor sie geheiratet haben/heirateten, ... 7. ..., während sie duscht. 8 ..., während sie (die) Hausaufgaben machen, ... 9. Bevor sie spielen, ... 10. Nachdem sie kurz überlegt hatte, ...

T2 Wie ein Fisch
2. Er schwitzt (so), als ob er einen Marathon gelaufen wäre/als wäre er einen Marathon gelaufen. 3. Du klingst (so), als ob du krank wär(e)st/als wär(e)st du krank. 4. Ihr seht (so) aus, als ob ihr lange nichts gegessen hättet/als hättet ihr lange nichts gegessen. 5. Er benimmt sich (so), als ob er niemanden kennen würde/als würde er niemanden kennen. 6. Sie wirken auf mich (so), als ob sie Drogen genommen hätten/als hätten sie Drogen genommen. 7. Du lachst (so), als ob das Ganze ein Witz gewesen wäre/als wäre das Ganze ein Witz gewesen.

T3 Unsere Zukunft
2. entscheiden 3. irgendwie 4. wo 5. Wirklichkeit 6. weder 7. noch 8. fliegen 9. tut 10. als 11. verantwortlich 12. Was 13. selbst 14. verändern 15. bevor 16. scheint 17. als 18. vor 19. recht 20. handeln 21. etwas 22. was

F Regeln und Soziales

F1 Auf der Straße
2. Da sie es sehr eilig hatte, wollte sie bei Rot die Straße überqueren. 3. Da diese Straße eine Spielstraße ist, darf man hier nur Schritttempo fahren. 4. Da es die ganze Nacht geschneit hat, kann es auf den Straßen glatt werden. 5. Da ein Baum auf die Straße gestürzt war, musste die Feuerwehr gerufen werden. 6. Da er zu viel Bier getrunken hatte, ist er nicht mehr selbst Auto gefahren.

F2 Geschwindigkeitsbeschränkung
2. der Hauptbahnhof/die Hauptstadt 3. der Speisewagen/Schlafwagen 4. die Unfallflucht/der Unfallschaden 5. das Parkverbot/Überholverbot 6. der Fahrzeugbrief/der Fahrzeughalter 7. das Bußgeld/Schmerzensgeld

F3 Entschuldigungen von Autofahrern
2c 3a 4e 5d

F4 Wir werden heiraten.
2. wirst ... erzählen 3. sagen werde 4. wird versuchen 5. werden ... bemühen 6. aufhören wird 7. werdet ... machen 8. wird behaupten 9. wird ... weigern 10. werden ... haben 11. werden ... enttäuschen 12. werden ... müssen

F5 Meine Vorsätze für das neue Jahr
Chris: Meistens wird nichts daraus. Aber dieses Jahr habe ich mir nur eine einzige Sache vorgenommen: Ich werde mich für den Umweltschutz engagieren. Das finde ich sinnvoll.
Amira: Ich habe früher Flöte gespielt und werde wieder Unterrichtsstunden nehmen. Vielleicht werde ich auch noch ein neues Instrument lernen. Ich bin neugierig, was mein Mann dazu sagen wird. Hoffentlich unterstützt er meine Pläne.
Luke: Oft ist es so, dass man sich selbst keine realistischen Ziele setzt oder seine Ziele sofort wieder fallen lässt. Deswegen darf sich mein Sohn etwas von mir wünschen. Dieses Jahr wollte er, dass ich ihm öfter vorlese. Also werde ich nun öfter vorlesen.
Carmen: Ich finde es nicht notwendig, sich jedes Jahr irgendetwas vorzunehmen, was dann sowieso nicht klappt. Ich finde es besser, jeden Tag zu planen, was man machen möchte. Das motiviert viel mehr.

F6 Bürgerinitiative
2. Nachbarschaftshilfe 3. Altenheim 4. Integration

F7 Außer Kontrolle
2. ohne dich 3. Ohne meinen Bruder 4. Außer meiner Freundin 5. außer Kontrolle 6. ohne Trainer

F8 Engagement
2. Ohne zu zögern, ... 3. ..., ohne dass ihr Mann (etwas) davon weiß. 4. ..., ohne dass es Schwierigkeiten gab. 5. Ohne übertreiben zu wollen, ...

F9 Egoistisch
2. ~~beleidigen~~ 3. ~~illegal~~ 4. ~~tolerant~~

F10 Wie denn?

Die Lehrerin motiviert die Kinder,	indem	sie ihre Leistungen lobt.
Man lernt Leute kennen,	indem	man Sprachkurse besucht.
Wir pflegen den Kontakt zu den Nachbarn,	indem	wir gemeinsam Feste feiern.
Man kümmert sich um Jugendliche,	indem	man ihnen zuhört.
Die Lehrerin motiviert die Kinder,	indem	sie ihre Ideen unterstützt.
Man lernt Leute kennen,	indem	man auf Partys und in Clubs geht.
Wir pflegen den Kontakt zu den Nachbarn,	indem	wir oft miteinander sprechen.

F11 Mehrgenerationenhaus
2. Sie stehen alten und jungen Leuten offen, aber auch Menschen aus unterschiedlichen Herkunftsländern und Kulturen. Alle sind willkommen. 3. Es gibt gemeinsame Aktivitäten und man unterstützt sich gegenseitig. 4. Weitere Angebote sind abhängig vom freiwilligen Engagement der Mitbewohner.

F12 Hilfe!
2e 3a 4c 5b

F13 Schwimmen ist gesund!
2. Seitdem, Anzahl 3. Bis, beweisen 4. Seit, Fortschritte. 5. bis, stoßen. 6. trainiere, seit

F14 Meldungen
2. tritt 3. beschädigen 4. zerstört 5. schlagen 6. angezeigt 7. betrügen. 8. verletzt

F15 Freundschaft
2. Auf sie kannst du dich in jeder Situation verlassen. 3. Die beiden verstehen sich sehr gut und machen alles zusammen. 4. Ein wahrer Freund hilft dir im Unglück.

T1 Heimweh
2. indem 3. bis 4. Da 5. ohne dass 6. Seit 7. Da 8. indem

T2 Es wird schon werden!
3. Wann wirst du endlich ruhig sein? 4. Sie wird sich anstrengen müssen, wenn sie die Prüfung bestehen will.
5. Er wird dir sicher weiterhelfen, wenn es notwendig ist.
6. Ihr werdet schon noch sehen, was passieren kann.
7. Wenn sich nichts ändert, wird es bald Probleme geben.
8. Du wirst jetzt endlich aufhören, deine Schwester zu ärgern.

T3 „Wohnen für Hilfe"
2. Idee 3. Verein 4. Zimmer 5. älterer 6. Statt 7. bereit 8. unterstützen 9. indem 10. Garten 11. übernehmen 12. vorher 13. Außer 14. Zusammenleben 15. Vermittlung 16. gemeinsame 17. wirst sehen 18. anzurufen 19. ja 20. Erfolg

G Politik und Heimat

G1 Europa
2a wurde ... gegründet 3g sind ... unterschrieben worden
4b wurde ... geschaffen 5d errichtet worden ist
6c wurde ... aufgenommen 7f wurde ... festgesetzt

G2 Der 2. Weltkrieg
2. wurden ... zerstört 3. wurden besetzt 4. sind ... abgeworfen worden 5. wurde ... gefeiert 6. ist ... aufgeteilt worden 7. wurden ... begangen 8. wurde ... begonnen 9. wurden ... gestellt 10. sind ... verurteilt worden

G3 Kämpfen
2. ~~verdienen~~ 3. ~~loben~~ 4. ~~zerstören~~ 5. ~~bestrafen~~
6. ~~integrieren~~

G4 Präsentation zum Thema Wassersparen
2. Sparmaßnahmen, verzichten, verschwenden 3. Produktion (Herstellung), verbraucht, indirekt 4. Herstellung (Produktion), sinnvoll, Geld, produziert 5. kommen, stundenlang, laufen, putzen, wirklich, gewaschen 6. Ende, überzeugt, Sicherlich, Möglichkeiten 7. gespannt, Aufmerksamkeit

G5 Das höchste Amt
2. längste 3. kürzere 4. wichtigsten 5. bessere 6. kleinere 7. niedrigerer

G6 Österreich
1. Landessprache, Währung 2. Fläche, Einwohner
3. Bevölkerung, Staatsangehörigkeit, größte, Ausländer
4. Demokratie, Bundesländer, Hauptstadt 5. höchste Berg 6. längste Fluss 7. Tradition, Kulturerbe 8. Wintersportnation, schönsten, besten

G7 Vergleiche
2e 3b 4g 5f 6c 7a

G8 Staatsform
2. Bundesstaaten 3. Volksherrschaft 4. Altkanzler
5. Machtkämpfe 6. Großdemonstration 7. Streikverbot
8. Warnstreik

Nomen (+ *-s/es*) + Nomen	Adjektiv + Nomen	Verbstamm + Nomen
Bundesstaat, Volksherrschaft, Machtkampf	Altkanzler, Groß-demonstration	Streikverbot, Warnstreik

G9 Meinungsfreiheit
2. die Briefbombe 3. das Kriegsereignis 4. die Kurzreportage 5. der Biobauer 6. das Industriegebiet
7. der Nahverkehr 8. die Tankstelle

G10 Regierung
2. Mehrheit, Familienfreundlichkeit 3. Freiheit, Gleichheit
4. Meinung, Öffentlichkeit 5. Verantwortung, Sicherheit
6. Haftung 7. Versicherung 8. Richtigkeit

Verb + *-ung*	Adjektiv + *-heit*	Adjektiv + *-keit*
Meinung, Verantwortung, Haftung, Versicherung	Mehrheit, Freiheit, Gleichheit, Sicherheit	Familienfreundlichkeit, Öffentlichkeit, Richtigkeit

G11 Was bedeutet Heimat für euch?
Asha: Deswegen bedeutet Heimat für mich Glück. Jetzt lebe ich weit weg und habe wunderbare Erinnerungen.
Murat: Heimat hat viele Bedeutungen für mich. Natürlich ist es das Land und der Ort, woher man stammt. Aber man kann sich auch fremd in der Heimat fühlen und daheim in der Fremde. Heimat ist also nicht immer ein fester Ort, sondern vor allem ein Gefühl.
Dilara: Heimat ist das Gegenteil von Einsamkeit. Wenn ich Familie und Freunde habe und wenn ich da bin, wo ich mich wohlfühle, dann ist das Heimat für mich.
Saad: Ich habe meine Heimat verlassen, weil dort Krieg ist, und fühle mich jetzt heimatlos. Irgendwann werde ich eine neue Heimat finden, aber es wird trotzdem immer etwas fehlen.
Ivie: Vielen Menschen geht es wie Saad. Sie haben ihre Heimat verloren oder noch nicht gefunden. Heimat bedeutet für mich, zu wissen, wer man ist und wohin man gehört. Deswegen hat Heimat etwas mit Wurzeln und Identität zu tun.

G12 (Fremde) Küche
3. von 4. Worüber 5. darüber 6. beim 7. darum 8. um 9. darüber 10. worauf 11. Auf 12. Darauf 13. davon 14. Daran 15. auf

T1 Fakten zur deutschen Nachkriegsgeschichte
2. wurden ... gegründet/sind ... gegründet worden
3. wurde ... gewählt/ist ... gewählt worden 4. wurde ... errichtet/ist ... errichtet worden 5. wurden ... geöffnet/sind ... geöffnet worden 6. wurde ... wiedervereinigt/ist ... wiedervereinigt worden 7. wurde ... erklärt/ist ... erklärt worden

T2 Die besten Filme aller Zeiten
2. jüngster 3. kürzester 4. größere 5. längere
6. frühester 7. gesündere 8. Nähere

T3 Das Münchner Oktoberfest
2. wurde ... gefeiert 3. Grund 4. Volk 5. beschloss
6. jährlich 7. internationales 8. Besuchern 9. Wiese
10. traditionell 11. wichtigste 12. Oktoberfestbier
13. Oberbürgermeister 14. Liter 15. Ministerpräsident
16. Spezialitäten 17. schmecken 18. vergessen
19. Lebkuchenherzen 20. Souvenir(s) 21. Festzelten
22. bayerische 23. Fahrgeschäfte 24. Geschmack
25. viel 26. Vergnügen 27. sorgen 28. Rettungsdienste

Register